技術系ベンチャー企業の経営・知財戦略

a start-up

アントレプレナーの心得

千葉商科大学サイエンスアカデミー
特別客員教授
関水信和［著］

中央経済社

まえがき

　普通の銀行員であった著者は2000年12月に，実兄の大学教授と共同で東京大学発のベンチャー企業であるゲノム創薬研究所有限会社（当時）を立ち上げた。当初は勤務先の銀行との関係から，出資と助言に限定したいわゆる週末起業であった。当時はまだ大学発のベンチャー企業などは，一般的な存在ではなく，大学で生まれた知財の取扱いなどのルールもあまり確立していなかった時代であった。また，大学で学生が行った発明がだれに帰属するのかなどの基本的な問題が議論の対象となっていた。著者は，創業したベンチャー企業の経営のため，このような課題を解明しようとして，自ら研究し論文などを発表した。例えば，産学連携を推進するためのベンチャー企業のあり方の提言を論文[1]や学会で行った。さらに学生の発明は原則として学生に帰属すると論文[2]で結論づけた。当然のことながら，ベンチャー企業のための知財戦略に関する文献は国内には見当たらず，創業したベンチャー企業を経営しながら自分で考えるしかないような状況であった。

　じきに銀行を退職し中堅メーカーの法務部長の職を得て，同社の特許戦略を練っていた2005年に，たまたま東京大学大学院工学系研究科MOTコース（社会人大学院）に入学し，技術経営を勉強できる機会を得た。そして，ベンチャー企業の知財戦略の研究をさらに発展させるために千葉商科大学大学院博士課程（社会人大学院）に入学した。正に，研究成果を創業したベンチャー企業の経営に役立て，経営で得た知見を博士論文に反映させるような状態となった。2010年に研究成果を博士論文「産学連携とベンチャー企業の知的財産戦略」とした。この博士論文の一部が本書の一部（3，5〜8章）を構成している[3]。

1　関水和久・関水信和［2002］，「新しい産学共同研究モデルによるゲノム創薬事業の試み」（『臨床薬理』Vol.33 No.1）。

2　関水信和［2003］，「学生の発明と特許権に関する一考察」（『パテント』Vol.56）。

起業した株式会社ゲノム創薬研究所は，創業から既に17年経ち，有望な抗菌薬剤の候補物質を開発し，また経営を安定させるために開始した食品事業もメーカーと共同して，製品を販売するまでに至っている。存続することすら容易でないと言われている大学発ベンチャー企業の中で，なんとか17年間経営を維持し研究資金を大学の研究室に提供してきている。しかし今後も順調に成長できるとは限らない。最近の日本のベンチャー企業を取り巻く環境は決して十分と改善したようには思えない。

　昨年の6月9日に政府が閣議決定した「未来投資戦略2017」を見ると，「価値の源泉の創出」という項目に三つの課題があり，その一つが「イノベーション・ベンチャーを生み出す好循環システム」となっている。同戦略の中心的な課題の一つとして，ベンチャー創出が入っており，日本が経済成長するための源泉として，ベンチャー企業を政府が重要視していることが分かる。しかし，同文書の残された課題の項目に，「ベンチャーへのリスクマネー供給体制が弱く，グローバルに戦う大規模な資金が不足。政府調達にもアクセスし難く，成長を後押しできていない」との記述があり，ベンチャー企業創出のための環境が十分整っていないことを認めている。

　著者がベンチャー企業を起業した2000年の頃は，ベンチャー企業の将来性が，日本でもかなり高く注目された時期であった。その後，IPO市場が縮小するなどの問題もあり，一部のIT系ベンチャー企業を除くと，上場を果たすなど急成長するようなベンチャー企業は限定的で，ベンチャー企業が大企業のイノベーションを刺激したり，大企業がベンチャー企業を吸収したりして成長するというような好循環が生まれるまでには至っていない。一方で，米国ではいろいろなベンチャー企業が活発に生まれ成長し，大企業のイノベーションを刺激している。さらに成功したベンチャー企業の投資家が新しく生まれるベンチャー企業にリスクマネーを供給するという好循環が生まれている。

3　博士論文の重要な部分を残して圧縮の上，本の趣旨から，必要な内容を加筆し一部データを更新した。

このことは，日米の経済成長の差としても表れている。下記グラフのとおり，2000年当時の日米の経済格差は約2倍であったが，2016年の格差は4倍に近づいている。

　日本の経済が再び高度に成長するためには，高度な技術を持ったベンチャー企業が活発に生まれ成長を果たし，大企業のイノベーションを刺激し，経済全体が活性化する必要がある。そのためには政府主導による諸環境の整備が急がれるところではあるが，まずはベンチャー企業の関係者が現在の日本の諸環境を前提として，いかにベンチャー企業を安定的に育てるかを考える必要がある。筆者は創業したベンチャー企業に関わった経験と研究から，いくつかの答えを見い出している。

　本書では，まず日本のベンチャー企業を取り巻く環境が諸外国と比べどのようになっているかを分析している。また日本のベンチャー企業が調達できる資金が米国と比べ不十分な状況であること，あるいは産学連携とベンチャー企業の重要性とその状況を分析している。つぎにベンチャー企業が取るべき知財戦

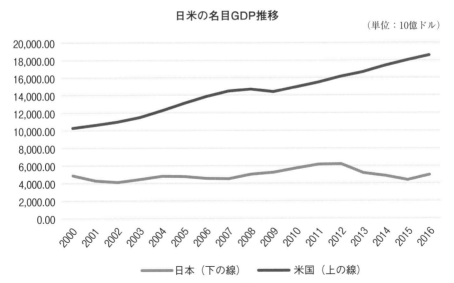

出所：IMF World Economic Outlook Databasesより作成。

略について欧米文献を参考として確認し，特にベンチャー企業にとってコストパフォーマンスの優れた戦略を三つ紹介している。さらに筆者が創業したベンチャー企業で実践している「ベンチャー企業は二つの商品を開発すべき」という考え方を解説している。この考え方を2000年に博士論文に書いた時点においては，著者が創業した㈱ゲノム創薬研究所の他には，実践しているベンチャー企業を具体的には見つけることができなかった。しかし今般，本書を執筆するに当たり，同様の考え方を実践ないし検討しているベンチャー企業を探したところ，いくつかのベンチャー企業を見つけることができた。本書では，この複数の商品を開発すべきという考え方を実践しているベンチャー企業の状況を解説している。

　要するに，本書は，日本のベンチャー企業の置かれている環境を確認した上で，そのような環境の中で，日本のベンチャー企業はどのような経営・知的財産戦略をとるべきかを解説し，提案している。

　なお，本書のタイトルは，「技術系ベンチャー企業の経営・知財戦略」である。インターネットなどで有力なベンチャー企業のリストなどを見ると，例えば飲食店のチェーンのような，独自のアイデアないしノウハウなどにより新たに急成長している企業も含まれている場合が多い。本書では特許を保有するなど高度で最先端な技術の事業化を目指すベンチャー企業（技術系ベンチャー企業）を主な対象とすることから，敢えて"技術系"という言葉をタイトルに加えている。

＊

　本書を一部上場企業のラサ工業㈱の社長・会長を永年勤め，㈱ゲノム創薬研究所の初代社長を引き受けてくれた亡父　関水和武の御霊に捧げる。

2018年2月　　　　　　　　　　　　　　　　　　　　　　　著　者

目　次

まえがき　i

第 I 部　日本のベンチャー企業の現状

第 1 章　ベンチャー企業設立の環境　2

1　大学発ベンチャー企業の設立状況 …………………………… 2
2　日本の技術力と産学連携 …………………………………… 4
3　新設の企業とアントレプレナーを育てる環境 ……………… 7
　(1)　新設の企業を育てる環境　7
　(2)　アントレプレナーを育てる環境　9

第 2 章　ベンチャー企業が利用できる資金　14

1　エンジェル資金 ……………………………………………… 14
2　ベンチャー・キャピタル等の投資資金 …………………… 17
3　M&A市場 …………………………………………………… 22
4　IPO …………………………………………………………… 25

第 3 章　産学連携とベンチャー企業　30

1　産学連携の必要性 …………………………………………… 30

（1）　企業連携の必要性　30
　（2）　産学連携の必要性　32
2　産学連携の相手としての大学発ベンチャー企業 ……………………………… 35

第Ⅱ部　日本のベンチャー企業のための戦略

第4章
知的財産権の基本事項　44

1　知的財産権の意義 ……………………………………………………………… 44
2　特許などの出願をするタイミングとその可否 ……………………………… 45
3　特許，実用新案の特長 ………………………………………………………… 46
　（1）　特許　47
　（2）　実用新案　53
4　営業秘密 ………………………………………………………………………… 54
5　職務発明 ………………………………………………………………………… 58
6　学生の発明 ……………………………………………………………………… 62

第5章
先行文献に見るベンチャー・中小企業の知的財産戦略　67
―欧米文献の分析を中心に―

1　ベンチャー・中小企業の知的財産管理 ……………………………………… 69
　（1）　ベンチャー・中小企業の特徴　69
　（2）　ベンチャー・中小企業にとっての知的財産の意義　70
　（3）　知的財産育成のための企業文化の構築　72
2　ベンチャー・中小企業の知的財産戦略の構築 ……………………………… 82

(1)　創業から知的財産戦略の立案まで　82
　　(2)　知的財産戦略のあり方　87
　　(3)　特定業種の知的財産戦略　88
　　(4)　非制度的な知的財産の保護　91
3　米国における特許訴訟の実体 ……………………………………………… 94
　　(1)　企業ないし特許ポートフォリオのサイズと訴訟リスク　94
　　(2)　特許訴訟保険（Patent Litigation Insurance）　99

第6章
ベンチャー企業に相応しい知的財産の確保のための具体策
104

1　国内優先権 ……………………………………………………………… 106
　　(1)　国内優先権制度導入の経緯　107
　　(2)　国内優先権主張の要件　109
　　(3)　国内優先権出願制度利用のメリット・デメリットと利用事例　110
2　先使用権 ………………………………………………………………… 113
　　(1)　先使用権制度の概要　113
　　(2)　先使用権の潜在的なニーズ　121
　　(3)　先使用権の活用方法　123
　　(4)　先使用権のまとめ　127
3　判定制度 ………………………………………………………………… 128
　　(1)　制度の概要　128
　　(2)　ベンチャー・中小企業の知的財産戦略の問題点　136
　　(3)　ベンチャー・中小企業による判定制度の活用　140
　　(4)　判定制度のまとめ　142

第7章
大学発ベンチャー企業の特徴と知的財産戦略　146

1. 大学における起業と技術・発明の特徴 …………………………… 146
2. 大学発ベンチャー企業のための資金管理 ………………………… 150
3. 大学発ベンチャー企業のための成長資金調達と知的財産戦略 ……… 154

第8章
複数の商品を開発するモデルの検証　166
―欧米の研究者の考え方―

1. 欧米の関係者へのアンケート調査 ………………………………… 166
2. 欧米の関係者との面談調査 ………………………………………… 173

第9章
複数の商品を開発する技術系ベンチャー企業の事例　181

1. 筆者が創業した㈱ゲノム創薬研究所の事例 ……………………… 181
   (1) 開発された複数の技術　182
   (2) 経営方針　188
2. その他の企業例 …………………………………………………… 191

第Ⅲ部　アントレプレナーの心得

第10章
公的助成金の活用 ... 218

1. 資金調達の手段としての有効性 ... 218
2. 経営戦略を見直す機会として ... 219
3. 公的研究開発マネジメント機関・組織から得られる情報 ... 227

第11章
サラリーパーソンが起業する際の心得 ... 229

1. 大手企業などのサラリーパーソンに見られる体質 ... 229
2. サラリーパーソンが起業する前に行うべきこと ... 230
   (1) 社会人大学院で学ぶ　230
   (2) 大企業のみの経験者は中小・中堅企業で経験を積むべき　233
   (3) 週末起業を検討する　233

むすびに代えて　235
あとがき　238

第Ⅰ部

日本のベンチャー企業の現状

第1章／ベンチャー企業設立の環境
第2章／ベンチャー企業が利用できる資金
第3章／産学連携とベンチャー企業

第1章

ベンチャー企業設立の環境

1　大学発ベンチャー企業の設立状況

　技術系ベンチャー企業[4]の中で，中心的な位置を占める大学発ベンチャー企業の設立は，政府による大学発ベンチャー企業「1000社計画」が打ち出された平成13年（2001年）頃は単年度の設立は増加傾向を示していたが，図1-1のとおり平成16年，17年をピークに，減少し続け，平成26年頃よりようやく緩やかながら増加傾向に転じている。

　しかし，平成25年（2013年）における日本の設立社数52社に対し同年の米国社数は図1-2のとおり，818社となっており，15倍以上の開きがある。

　また日本において現在も活動しているベンチャー企業（生存企業）の社数については，データが見当たらないが，図1-3のデータでは27年度の調査時において，前年から閉鎖が確認された企業が172社と新設が確認された196社と大差ないことが判明している。よって図1-1の平成27年（2015年）における累計社数2,406社にかなりの数の廃止企業が含まれていると考えられる。米国で

---

[4] 例えば飲食店のチェーンのような，独自のアイデアないしノウハウなどにより新たに急成長している企業ではなく，特許を保有するなど高度で最先端な技術の事業化を目指すベンチャー企業のこと。

第 1 章　ベンチャー企業設立の環境　3

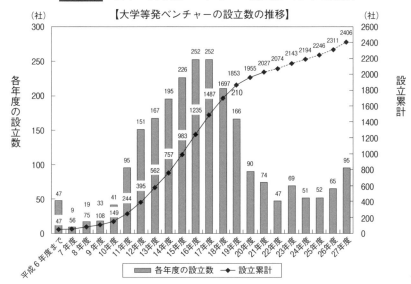

図1-1　日本の大学発ベンチャーの設立数（単年と累計）

出所：文部科学省「平成27年度　大学等における産学連携等実施状況について」24頁より転載。

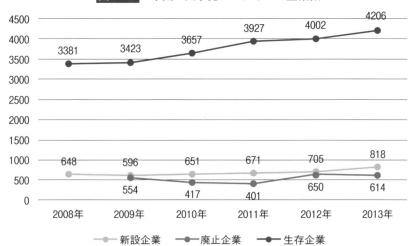

図1-2　米国の大学発ベンチャーの企業数

出所：木村行雄「日米大学発ベンチャーの比較と検討」〜これまでの日本事例の問題点を中心として〜
　　　36頁のデータより作成。

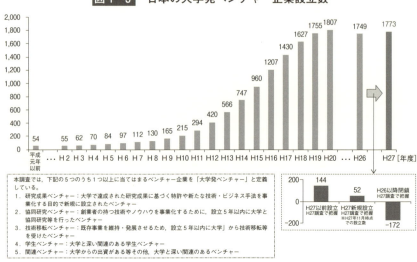

図1-3 日本の大学発ベンチャー企業設立数

出所：野村総合研究所「平成27年度産業技術調査事業（大学発ベンチャーの成長要因施策に関する実態調査）」11頁より転載。

は図1-2のとおり，新設企業が廃止企業をやや上回っていて，2013年における生存社数は4,206社となっている。よって，生存企業数においても日米の社数に大きな開きがあることが推定される。

2　日本の技術力と産学連携

　日本の技術力の状況を見ると，大学などで行われている基礎研究である科学基盤については，表1-1のとおり，世界10位前後で推移し，ドイツと同レベルと評価されている。

　ところが，企業における革新能力を見ると下記表1-2のとおり，ドイツないし米国に大きく遅れ，さらに2015年，2016年には世界における順位を大きく下げている。これは日本には革新的な企業が減少していて，従来技術ないし従来の製品を改善する程度で満足し，画期的な製品の開発の努力を他国の企業と

表1-1 科学基盤（Scientific research (public and private) is high by international standards.）

2012年	2013年	2014年	2015年	2016年
1位 スイス	1位 イスラエル	1位 スイス	1位 スイス	1位 スイス
2位 イスラエル	2位 スイス	2位 イスラエル	2位 イスラエル	2位 イスラエル
3位 米国	3位 スエーデン	3位 米国	3位 米国	3位 米国
4位 スエーデン	4位 米国	4位 デンマーク	4位 オランダ	4位 スエーデン
5位 ドイツ		5位 日本		
	6位 日本	6位 ドイツ	7位 ドイツ	
	7位 ドイツ		9位 日本	9位 ドイツ
9位 日本				11位 日本

（筆者注）調査員による10点満点の採点で，例えば2016年は，1位スイス8.96点，2位イスラエル8.47点，3位米国8.08点，9位日本7.40点となっている。
出所：IMD World Competitiveness Yearbook 2011, 2012, 2013, 2014, 2015, 2016各年版の"Scientific Research"の項目より集計作成。

比べるとあまりしていない，あるいはする能力がないという傾向が高まっていることを意味している。

　日本に革新的な企業が多くないということとは，前述の[1]節で確認された技術系ベンチャー企業が日本には少ないということと関係があると考えられる。革新的な企業が増えると技術系ベンチャー企業をM&Aなどにより取り込もうとする動きが出ることとなり，結果としてベンチャー企業が生まれる環境が整うからである。

　このことは，日本における産学連携の状況にも表れている。**表1-3**に見られるように，日本の産学連携の状況は他の先進国に大きく遅れをとり，2015年，2016年には順位を急落させている。日本の企業は産学連携により大学で生まれた革新的な技術を自社に取り込もうという動きをあまりしていないということが読み取れる。

表1-2 企業の革新能力 (Innovative capacity of firms (to generate new products, processes and/or services) is high in your economy.)

2012年	2013年	2014年	2015年	2016年
1位 スイス	1位 イスラエル	1位 イスラエル	1位 イスラエル	1位 スイス
2位 イスラエル	2位 米国	2位 米国	2位 スイス	2位 米国
3位 ドイツ	3位 スイス	3位 スイス	3位 米国	3位 イスラエル
4位 米国	4位 ドイツ	4位 デンマーク	4位 ドイツ	4位 スエーデン
		5位 ドイツ		
				6位 ドイツ
15位 日本	14位 日本	10位 日本		
			26位 日本	29位 日本

(筆者注) 調査員による10点満点の採点で，例えば2016年は，1位スイス8.34点，2位米国8.24点，3位イスラエル8.11点，29位日本5.90点となっている。
出所：IMD World Competitiveness Yearbook 2011, 2012, 2013, 2014, 2015, 2016各年版の"Innovative Capacity"の項目より集計作成。

表1-3 産学連携の国際比較 (Knowledge transfer is highly developed between companies and universities.)

2011年	2012年	2013年	2014年	2015年	2016年
1位 米国	1位 スイス	1位 イスラエル	1位 スイス	1位 スイス	1位 スイス
2位 スイス	2位 イスラエル	2位 スイス	2位 米国	2位 イスラエル	2位 米国
3位 イスラエル	3位 米国	3位 米国	3位 フィンランド	3位 米国	3位 イスラエル
4位 デンマーク	4位 シンガポール	4位 スエーデン	4位 シンガポール	4位 カナダ	4位 オランダ
	5位 ドイツ				
6位 ドイツ		7位 ドイツ	7位 ドイツ	9位 ドイツ	12位 ドイツ
16位 日本					
	27位 日本	25位 日本	24位 日本	32位 日本	31位 日本

(筆者注) 調査員による10点満点の採点で，例えば2016年は，1位スイス8.06点，2位米国7.83点 3位イスラエル7.51点，4位オランダ7.41点，31位日本4.77点となっている。
出所：IMD World Competitiveness Yearbook 2011, 2012, 2013,2014, 2015, 2016各年版の"Knowledge Transfer"の項目より集計作成。

3 新設の企業とアントレプレナーを育てる環境

(1) 新設の企業を育てる環境

　日本で企業を設立することは、外国と比べて事務的に容易なのであろうか。ベンチャー企業を育てる環境として、確認すべき重要な要素の一つである。まず設立の際に必要となる書類の枚数について、表1-4は国際比較したものである。2015年において、日本は他国に比べ多く48位（8枚）となっていて、主要国の中でも、起業するための事務作業が多い国となっている。またこの状況は以前より続いている。

　つぎに起業に要する日数の国際比較を見ると、表1-5のとおり、日本は2015年において、36位（10日）となっていて、やはり起業環境はあまり整っていない状況となっている。この状況は以前から続いていることが分かる。

　起業のための法整備の状況について、国際比較したのが、表1-6である。

表1-4　設立に必要な書類枚数の国際比較（Number of procedures to start a business）

2011年	2012年	2013年	2014年	2015年
1位 カナダ	1位 カナダ	1位 カナダ	1位 カナダ	1位 ニュージーランド
1位 ニュージーランド	1位 ニュージーランド	1位 ニュージーランド	1位 ニュージーランド	2位 カナダ
3位 オーストラリア	3位 オーストラリア	3位 スロベニア	3位 スロベニア	
3位 スロベニア	3位 スロベニア	4位 オーストラリア	4位 オーストラリア	2位 リトアニア
26位 米国	28位 米国	32位 米国	34位 米国	35位 米国
43位 日本	45位 日本	47位 日本	49位 日本	48位 日本
47位 ドイツ	50位 ドイツ	50位 ドイツ	53位 ドイツ	54位 ドイツ

（筆者注）　例えば2015年は、1位ニュージーランド1枚、2位カナダ、香港、リトアニア2枚35位米国6枚、48位日本8枚、54位ドイツ9枚となっている。

出所：IMD World Competitiveness Yearbook 2012, 2013, 2014, 2015, 2016各年版の"Sart-Up Procedures"の項目より集計作成。

日本は2016年において，27位とドイツと共に低いレベルとなっている。そしてこの状況は以前から続いていることが分かる。

表1-5 起業に要する日数（Number of days to start a business）

2011年	2012年	2013年	2014年	2015年
1位 ニュージーランド	1位 ニュージーランド	1位 ニュージーランド	1位 ニュージーランド	1位 ニュージーランド
2位 オーストラリア	2位 オーストラリア	2位 オーストラリア	2位 オーストラリア	2位 カナダ
3位 香港	3位 香港	2位 香港	2位 香港	2位 香港
3位 シンガポール	3位 シンガポール	2位 ポルトガル	2位 ポルトガル	4位 オーストラリア
10位 米国	11位 米国	9位 米国		
			20位 米国	23位 米国
34位 ドイツ	34位 ドイツ	37位 ドイツ	32位 日本	36位 日本
44位 日本	48位 日本	48位 日本	43位 ドイツ	37位 ドイツ

（筆者注）例えば2015年は，1位ニュージーランド1日，2位カナダ，香港2日，4位オーストラリア3日23位米国6日，36位日本10日，37位ドイツ11日となっている。
出所：IMD World Competitiveness Yearbook 2012, 2013, 2014, 2015, 2016各年版の"Start-Up Days"の項目より集計作成。

表1-6 起業のための法整備（Creation of Firms is supported by legislations）

2012年	2013年	2014年	2015年	2016年
1位 香港	1位 エストニア	1位 シンガポール	1位 香港	1位 香港
2位 シンガポール	2位 香港	2位 エストニア	2位 エストニア	2位 シンガポール
3位 エストニア	3位 シンガポール	3位 アイルランド	3位 シンガポール	3位 エストニア
4位 アイルランド	4位 スエーデン	4位 香港	4位 ニュージーランド	4位 ニュージーランド
19位 米国	21位 米国	18位 米国		14位 米国
		26位 日本	25位 米国	27位 日本
30位 ドイツ	34位 日本	29位 ドイツ	31位 日本	
34位 日本	36位 ドイツ		35位 ドイツ	37位 ドイツ

（筆者注）調査員による10点満点の採点で，例えば2016年は，1位香港9.17点，2位シンガポール8.76点，3位エストニア8.58点，4位ニュージーランド8.38点,14位米国7.58点，27位日本6.76点，37位ドイツ5.77点となっている。
出所：IMD World Competitiveness Yearbook 2012, 2013, 2014, 2015, 2016各年版の"Creation of Firms"の項目より集計作成。

(2) アントレプレナーを育てる環境

　日本の科学技術は国際比較において，前節（**表 1 – 1**）で確認したように，比較的に高いレベルを維持している。しかし大学教育の経済活動への適合性については**表 1 – 7**のとおり2016年で50位と大変に低いレベルに低迷している。そしてこの状況は以前より続いている。

　さらにベンチャー企業などを創業するために求められるマネジメント教育も**表 1 – 8**のとおり以前より経済活動のニーズに適合していないとう低い評価となっていて，2015年，2016年には一層順位を落としている。

　大学教育の経済活動への適合性が国際比較において十分なレベルと言えないことに加え，ベンチャー企業などを創業するために重要なマネジメント教育が十分と行われていないことが，ベンチャー企業のアントレプレナーが日本では育ちにくいという環境を生んでいる面があると考えられる。

　つぎに企業人のアントレプレナーシップ（企業家精神）の国際比較を見ると**表 1 – 9**のとおり，日本は50位以下に低迷し続け，最近ではドイツとの差も拡

表 1 – 7　大学教育の経済活動への適合性（University education meets the needs of a competitive economy）

2012年	2013年	2014年	2015年	2016年
1位 スイス	1位 スイス	1位 スイス	1位 スイス	1位 スイス
2位 シンガポール	2位 シンガポール	2位 カナダ	2位 カナダ	2位 オランダ
3位 フィンランド	3位 カナダ	3位 フィンランド	3位 シンガポール	3位 シンガポール
4位 カナダ	4位 フィンランド	4位 シンガポール	4位 イスラエル	4位 フィンランド
7位 ドイツ	8位 ドイツ	6位 ドイツ	7位 ドイツ	8位 ドイツ
15位 米国	10位 米国	7位 米国	10位 米国	10位 米国
54位 日本	52位 日本	41位 日本	52位 日本	50位 日本

（筆者注）　調査員による10点満点の採点で，例えば2016年は，1位スイス8.80点，2位オランダ8.18点，3位シンガポール8.18点，8位ドイツ7.59点，10位米国7.51点，50位日本4.43点となっている。
出　所：IMD World Com petitiveness Yearbook 2012, 2013, 2014, 2015, 2016各年版の"University Education"の項目より集計作成。

表1-8 マネジメント教育（Management education meets the needs of the business community）

2012年	2013年	2014年	2015年	2016年
1位 スイス	1位 スイス	1位 スイス	1位 スイス	1位 スイス
2位 シンガポール	2位 デンマーク	2位 米国	2位 カナダ	2位 デンマーク
3位 デンマーク	3位 シンガポール	3位 シンガポール	3位 シンガポール	3位 米国
4位 カナダ	4位 スウェーデン	4位 デンマーク	4位 オランダ	4位 ノルウェイ
6位 米国	6位 米国	7位 ドイツ	9位 米国	
			13位 ドイツ	17位 ドイツ
13位 ドイツ	17位 ドイツ			
49位 日本	49位 日本	49位 日本	57位 日本	57位 日本

（筆者注）調査員による10点満点の採点で、例えば2016年は、1位スイス8.69点、2位デンマーク8.00点、3位米国7.74点、57位日本4.32点となっている。
出所：IMD World Competitiveness Yearbook 2012, 2013, 2014, 2015, 2016各年版の"Management Education"の項目より集計作成。

表1-9 企業人のアントレプレナーシップの国際比較（Entreprenuership of managers is widespread in business.）

2009年	2010年	2011年	2012年	2013年	2014年
1位 イスラエル	1位 マレイシア	1位 イスラエル	1位 台湾	1位 ポーランド	1位 イスラエル
2位 香港	2位 イスラエル	2位 マレイシア	2位 イスラエル	2位 マレイシア	2位 マレイシア
3位 ブラジル	3位 台湾	3位 コロンビア	3位 香港	3位 台湾	3位 ポーランド
4位 マレイシア	4位 香港	4位 台湾	4位 リトアニア	4位 リトアニア	4位 スイス
					8位 台湾
		10位 米国	12位 ドイツ		9位 ドイツ
27位 米国	20位 米国		14位 米国	14位 米国	12位 米国
31位 ドイツ		32位 ドイツ		18位 ドイツ	
	44位 ドイツ				
54位 日本	57位 日本	59位 日本	54位 日本	56位 日本	55位 日本

（筆者注）調査員による10点満点の採点で、例えば2014年は、1位イスラエル7.57点、2位マレイシア7.52点3位ポーラド7.14点、4位スイス7.12点、日本4.93点となっている。
出所：IMD World Competitiveness Yearbook 2009, 2010, 2011, 2012, 2013, 2014各年版の"Entrepreneurship"の項目より集計作成。

表1-10 アントレプレナーの評価（Perception of social values regarding entrepreneurship in the Gem Economies in 2014（% of population aged 18-64））

	職業としてのアントレプレナーの人気度	成功したアントレプレナーのステイタス	メディアの注目度
日本	30.98	55.81	58.70
台湾	75.22	62.57	83.50
中国	65.68	72.91	69.28
インド	57.93	66.16	56.62
オーストラリア	53.35	67.09	72.56
ドイツ	51.66	79.10	51.41
英国	60.30	74.99	58.36
カナダ	57.25	69.72	67.73
米国	64.73	76.87	75.83

出所：Global Entrepreneurship Monitor 2014 Global Report Appendix 1 Table A.1のデータより作成。

大している。

　ベンチャー企業が日本では生まれにくいという背景には，アントレプレナーに対する社会的な評価ないし，文化的な問題なようなものが存在していると思える。日本におけるアントレプレナーに関する社会的な評価は，**表1-10**のとおり，職業としての人気度は主要国の中で，群を抜いて低く，2番目に低いドイツと比べても社会的な不人気が際立っている。また成功したアントレプレナーの評価を見ると各国間の差は縮まっているが，日本はやはり最下位となっている。つぎにメディアのアントレプレナーに対する注目度という項目を見ると日本は，最下位ではないが，決して高いレベルではないことが分かる。

　この職業としてのアントレプレナーの人気度は**図1-4**のとおり，2003年より2015年まで30％前後に継続的に低迷している。

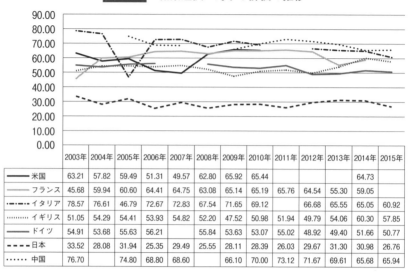

図1-4 職業選択に対する評価の推移

	2003年	2004年	2005年	2006年	2007年	2008年	2009年	2010年	2011年	2012年	2013年	2014年	2015年
米国	63.21	57.82	59.49	51.31	49.57	62.80	65.92	65.44				64.73	
フランス	45.68	59.94	60.60	64.41	64.75	63.08	65.14	65.19	65.76	64.54	55.30	59.05	
イタリア	78.57	76.61	46.79	72.67	72.83	67.54	71.65	69.12		66.68	65.55	65.05	60.92
イギリス	51.05	54.29	54.41	53.93	54.82	52.20	47.52	50.98	51.94	49.79	54.06	60.30	57.85
ドイツ	54.91	53.68	55.63	56.21		55.84	53.63	53.07	55.02	48.92	49.40	51.66	50.77
日本	33.52	28.08	31.94	25.35	29.49	25.55	28.11	28.39	26.03	29.67	31.30	30.98	26.76
中国	76.70		74.80	68.80	68.60		66.10	70.00	73.12	71.67	69.61	65.68	65.94

注：「あなたの国の多くの人たちが，新しいビジネスを始めることが望ましい職業の選択であると考えている」という質問に賛成する成人人口の割合（単位：%）。
出所：『平成27年度　起業・ベンチャー支援に関する調査　起業家精神に関する調査報告書』28頁より転載。

《本章のまとめ》

　日本の技術系ベンチャー企業の中心である大学発ベンチャー企業の設立状況は米国と比べると，回復傾向にあるものの低調に推移している。日本の大学などで行われている基礎研究のレベルは，低くないが，画期的な製品を開発するための企業の革新能力は低く，産学連携もうまくいっていない。そして新しい企業を生み出す環境は主要国と比べると整っておらず，新しい企業を生み出す鍵となるアントレプレナーを育成する環境も同様に整っていない。

【参考文献】

Institute for Management Development［2012］,［2013］,［2014］,［2015］,［2016］. IMD World Competitiveness Yearbook

株式会社野村総合研究所（経済産業省委託）［2016］,『「平成27年度起業・ベンチャー支援に関する調査　起業家精神に関する調査』報告書』

【インターネット情報】

Global Entrepreneurship Monitor 2014 Global Report

第2章 ベンチャー企業が利用できる資金

　日本では，ベンチャー企業が利用できる資金が，欧米に比べると限定的となっている。ベンチャー企業が利用する資金の調達状況が各ステージでどのようになっているかを本章で検証する。

1　エンジェル資金

　まず，個人投資家による資金供給の状況を国別に概観しよう。図2-1は，経済圏別に各国における「過去3年間に，他の人が創業した事業に資金提供した」成人人口の割合を示している。左から要素主導型経済，効率的主導型経済，イノベーション主導型経済（先進国）の国々で，日本が属しているイノベーション主導型経済の国々のグループの比率が三つのグループの中で最も低くなっている。日本はそのグループの中においても，低い比率の国となっている。

　そして個人投資家について，主要国における2001年からの単年毎の比率の推移を示したものが，図2-2である。日本は，0.44％から2.66％の間で推移している。2015年のみイタリアとイギリスを上回っているが，2014年以前は概ね最下位で推移していた。

　つぎに日本における個人投資家によるベンチャー企業への投資（2011年度）を米国の個人投資家による投資（2012年）と比較すると表2-1のとおり大きな差が存在する。つまり米国は日本の投資額で約2300倍，投資件数で約1500倍，

第2章 ベンチャー企業が利用できる資金　15

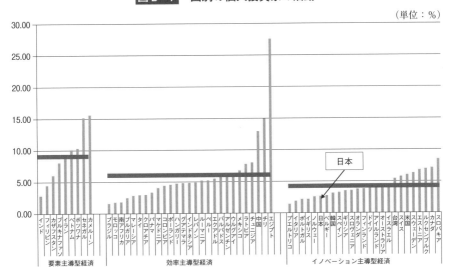

図2-1　国別の個人投資家の活動

出所：『「平成27年度起業・ベンチャー支援に関する調査　起業家精神に関する調査」報告書』28頁より転載。

図2-2　主要国における個人投資家の活動推移

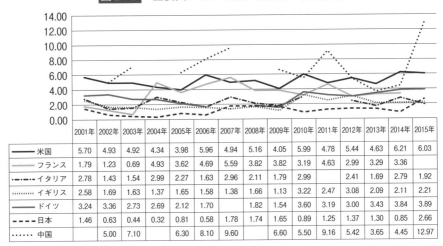

	2001年	2002年	2003年	2004年	2005年	2006年	2007年	2008年	2009年	2010年	2011年	2012年	2013年	2014年	2015年
米国	5.70	4.93	4.92	4.34	3.98	5.96	4.94	5.16	4.05	5.99	4.78	5.44	4.63	6.21	6.03
フランス	1.79	1.23	0.69	4.93	3.62	4.69	5.59	3.82	3.82	3.19	4.63	2.99	3.29	3.36	
イタリア	2.78	1.43	1.54	2.99	2.27	1.63	2.96	2.11	1.79	2.99		2.41	1.69	2.79	1.92
イギリス	2.58	1.69	1.63	1.37	1.65	1.58	1.38	1.66	1.13	3.22	2.47	3.08	2.09	2.11	2.21
ドイツ	3.24	3.36	2.73	2.69	2.12	1.70		1.82	1.54	3.60	3.19	3.00	3.43	3.84	3.89
日本	1.46	0.63	0.44	0.32	0.81	0.58	1.78	1.74	1.65	0.89	1.25	1.37	1.30	0.85	2.66
中国		5.00	7.10		6.30	8.10	9.60		6.60	5.50	9.16	5.42	3.65	4.45	12.97

出所：『「平成27年度起業・ベンチャー支援に関する調査　起業家精神に関する調査」報告書』28頁より転載。

表2-1　日米のエンジェル投資比較

〈エンジェル投資・ベンチャーキャピタルの現状〉

	日本	アメリカ（2012年）
エンジェル投資額	約9.9億円（2011年度）	229億ドル（約2.3兆円）
エンジェル投資件数	45件（2011年度）	67,000件
エンジェル投資家数	834人（2010年度）	268,000人
ベンチャーキャピタル投資額	約1,240億円（2012年度）	267億ドル（約2.7兆円）

出所：第2回経済財政諮問会議（平成26年2月）資料5-2「中長期の安定した投資の推進に向けて」より転載。

投資家数で約300倍となっている。ただし表2-1の日本の数字は一部エンジェル税制を利用していない投資を参入していないことから、実際の格差は縮まる。

日本のエンジェル投資額の全体をエンジェル税制利用の投資額から推定したものが、表2-2の日本の欄の「推定されるエンジェル投資額A」である。この制度の利用者数はエンジェル投資の35%とされている（評価書）ことから、金額も35%と仮定して投資額を計算している。2011年、年度において、868倍と極めて大きな格差が日米間にあるが、この差は2015年、年度には多少縮まり378倍となっている。ただし、同税制を利用しない投資の金額の割合は利用しない社数の割合よりも高い可能性がある。その場合は日本の投資額はもっと大きいこととなる。現に日本のエンジェル投資額はもっと大きいとのデータもあり、同データは日米格差を125倍と推定している[5]。

この①節で確認できたことを纏めると、まず日本の個人投資家の活動は外国と比較すると大変低調で、日本よりも低調な国はあまり見当たらない。そして、2001年以降にエンジェル資金を出した個人投資家は、3%以下で推移していて、主要国の中では最も比率が低い。個人投資家の活動を米国と比べると件数、人数、金額において、格差は縮小の傾向があるものの何れのデータにおい

---

[5] 平成20年度経済産業委託調査報告書「エンジェルネットワークの形成促進に関する調査報告書」1頁によると、日本のエンジェル投資額は200億円で米国の投資額は、2.5兆円、格差は125倍としている。

表2-2　日米のエンジェル投資の比較

	日本			米国		日米格差
	エンジェル税制利用の投資額	推定されるエンジェル投資額 A		エンジェル投資額	1ドルを110円換算 B	B÷A
2011年度	998	2,851百万円	2011年	22,500百万ドル	2,475,000百万円	868
2012年度	860	2,457百万円	2012年	22,900百万ドル	2,519,000百万円	1,025
2013年度	1,841	5,260百万円	2013年	24,800百万ドル	2,728,000百万円	519
2014年度	2,424	6,926百万円	2014年	24,100百万ドル	2,651,000百万円	383
2015年度	2,508	7,166百万円	2015年	24,600百万ドル	2,706,000百万円	378

注：日本のエンジェル税制利用の投資額は，経済産業省作成の「租税特別措置等に係る政策の事後評価書（エンジェル税制）」のデータによる。
　　推定されるエンジェル投資額は，同評価書4頁に「平成20年度から平成27年度までの個人投資家数は，10,671人（3,735人/35%）と推計」としていることから，利用投資額も35%と仮定して算出した。
　　米国のエンジェル投資額は"The Angel Investor Market in 2011-2015", Center for Venture Research（https://paulcollege.unh.edu/research/center-venture-research/cvr-analysisreports）より投資額を抽出し作成。

ても米国は日本の100倍以上の規模で活発に行われている。

２　ベンチャー・キャピタル等の投資資金

　ベンチャー企業にとって，ベンチャー・キャピタルが，使いやすいかについて，国際比較した**表2-3**によると，日本は2016年において，36位と低迷し，19位のドイツと比べても利用しやすい状況ではないことが分かる。一方の米国は，2013年より毎年1位となっていて，とても利用しやすいことを示している。
　つぎに主要国と欧州におけるベンチャー・キャピタルなどによるベンチャー企業に対する投資は**図2-3**のとおりとなっている。2015年の投資額は，米国は71,475億円，中国は25,084億円，欧州は5,359億円，日本は1,302億円となっている。米国は日本の55倍となっている。ここ数年，日本は増加しているが，米国も増加していて，この差はなかなか縮まりそうもない。投資の件数では，

18 第Ⅰ部 日本のベンチャー企業の現状

表2-3 ベンチャー・キャピタルの利用しやすさ（Venture capital is easily available for business）

2012年	2013年	2014年	2015年	2016年
1位 香港	1位 米国	1位 米国	1位 米国	1位 米国
2位 マレイシア	2位 香港	2位 マレイシア	2位 イスラエル	2位 イスラエル
3位 米国	3位 アラブ首長国連邦	3位 イスラエル	3位 英国	3位 シンガポール
4位 ノルウェイ	4位 マレイシア	4位 香港	4位 マレイシア	4位 香港
16位 ドイツ	13位 ドイツ	19位 ドイツ	17位 ドイツ	19位 ドイツ
42位 日本	46位 日本	35位 日本	39位 日本	36位 日本

（筆者注） 調査員による10点満点の採点で，例えば2016年は，1位米国7.83点，2位イスラエル6.97点，3位シンガポール6.94点，36位日本4.39点となっている。
出所：IMD World Com petitiveness Yearbook 2012, 2013, 2014, 2015, 2016各年版の"Venture Capital"の項目より集計作成。

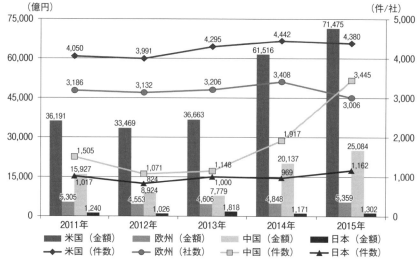

図2-3 ベンチャー投資実行の国際比較

注1：欧州：件数ではなく，投資先「社数」を統計数字として使用。
注2：欧州：欧州内の投資家［VCを含むPE会社］による投資（欧州外への投資を含む）。
注3：日本のみ年度ベース（4月〜翌年3月）。
出所：『ベンチャー白書2016』Ⅰ-60頁（図2-2）より転載。

第2章 ベンチャー企業が利用できる資金　19

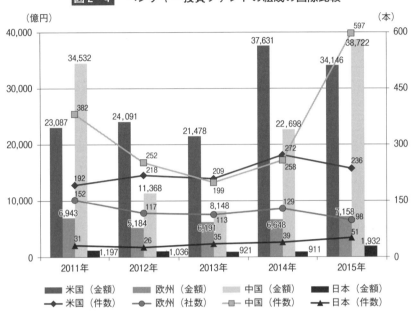

図2-4　ベンチャー投資ファンドの組成の国際比較

注：日本のみ年度ベース（4月〜翌年3月）。
出所：『ベンチャー白書2016』Ⅰ-61頁（図2-3）より転載。

2015年において，日本は1,162件で，米国は4,380件と米国は日本の4倍ほどで，両国とも概ね横ばいの状況となっている。

さらに主要国と欧州におけるベンチャー投資ファンドの新規組成は**図2-4**のとおりとなっている。組成額は，2015年で，米国34,146億円，中国38,722億円，欧州7,158億円，日本1,932億円となっている。米国は日本の約18倍となっている。日本は前年の2014年比増加しているが，米国は減少している。中国は2年連続で増加し，2015年には米国を上回った。組成件数は，2015年で日本は51件，米国は236件で米国は日本の約5倍となっている。

ところで近年，従来のVCとは異なる事業会社によるベンチャー投資（CVC）が活発化している。米国では2011年から2015年の間で**表2-4**のとおり投資金額で23.1百万ドルから77.1百万ドルへと3倍以上の増加を示し，投資件数でも

表2-4　米国の事業会社によるベンチャー投資（CVC）

（単位：億ドル）

	2011年	2012年	2013年	2014年	2015年
VC投資金額合計	299.1	276.6	303	508.4	509.7
内CVC投資金額	23.1	22.6	32.2	57.6	77.1
CVC比率	7.70%	8.20%	10.60%	11.30%	13.10%

（単位：件）

	2011年	2012年	2013年	2014年	2015年
VC投資金額合計	4,050	3,991	4,295	4,442	4,380
内CVC投資金額	611	631	741	809	930
CVC比率	15.10%	15.80%	17.30%	18.20%	21.20%

出所：『ベンチャー白書2016』Ⅰ-77頁（図2-11）より転載。

毎年着実に増加している。またVC全体に占める割合（CVC比率）も同期間で7.7％から13.1％へと倍近い伸びを示している。CVCは出資者である事業会社の本業との相乗効果が期待できる関連技術への投資に加え，既存事業の成熟化に対する危機感から豊富な資金を有する事業会社による新規事業への投資が活発に行われることが期待されている。

　日本においても**表2-5**のようなCVCが，最近積極的に設立されている。

　日本のCVC投資の概要は**表2-6**のように，CVCのVC合計額（含むCVC）に対する比率は16.8％と米国の13.1％を上回っている。ところがVC（含むCVC）合計の投資先を見ると，VC合計においては，半分以上が国内案件となっているのに対し，CVCにおいては，海外案件が多く，CVCの国内案件はVC投資全体から見るとごく一部となっている。よって日本では，CVCによる投資が伸びても国内のベンチャー企業に対する資金供給はあまり増加しないということになる可能性がある。

　この節で確認できたことを纏めると，まず日本ではベンチャー企業にとってベンチャー・キャピタルが，他の国々と比べると利用しにくいというアンケートの結果となっている。そしてベンチャー・キャピタルの投資額と投資ファンドの組成金額は，欧州，中国，米国と比べると極めて小さく，米国の55分１程

表 2-5　最近 5 年間で設立された主な CVC

事業会社名	設立年月	投資枠・ファンド総額 (億円)	投資内容
KDDI	2012.02	100	国内外のIT, スタートアップ
ヤフージャパン	2012.08	265	インターネット関連のスタートアップ企業。将来的には協業機会も探る
三井物産	2012.10	年間200	「イノベーション推進制度」で長期視点から収益貢献できる領域へ投資
フジ・メディアホールディングス	2013.01	15	国内を中心にITを用いたメディア領域全般。
楽天	2013.04	325	IT領域を中心に, 国内外で4つのベンチャーファンドを運用
ミクシィ	2013.07	50	ミクシィ以外の事業柱育成へ, オンライン, オフライン事業の双方が対象
TBSホールディングス	2013.08	18	屋内外のメディア, コンテンツ, エンターテイメント, IT分野
第一三共	2013.09	9.5 第一三共は1億円出資	創薬シーズ実用化へ三菱UFJキャピタルに出資
オムロン	2014.07	30	「自動化」で社会的課題を解決するベンチャーへ出資
電通	2015.04	50	広義のマーケティング, コミュニケーション, ビジネスを変革しうる領域
ヤマハ発動機	2015.07	未公表	米シリコンバレー拠点にビークル, ロボティクスなど
朝日放送	2015.07	12	動画配信, VRなど将来のメディアサービス・最新技術
三井不動産	2015.12	50	不動産, セキュリティーなどバイオ・創薬以外
三越伊勢丹ホールディングス	2016.01	未公表	顧客を感動させる価値や体験の創出へ, オープンイノベーションが狙い
コカ・コーラウエスト	2016.02	13	ヘルスケア, バイオ, 環境などの新商品開発や新規事業の創出
ニコン	2016.07	300	SBIインベストと100億円ファンドを運営する他, 200億円投資
アシックス	2016.11	30	スポーツ・健康, 先端テクノロジー, サステナビリティ
資生堂	2016.12	未公表	「美」を生み出す技術などに投資オープンイノベーション目的
西日本旅客鉄道	2016.12	30	鉄道事業の成長と効率化に貢献する技術など

注：複数ファンドを組成している企業は合算値。
出所：2017年2月18日号週刊東洋経済の記事「ベンチャー沸騰！」35頁の表より投資内容を一部簡略化して, 転載。

表 2-6　VC合計額（含むCVC）の投資内訳

VC/CVC投資額　　　　　　　　　　　　　　　　　　　　　　　　　　　　（億円）

	2015-1Q	2015-2Q	2015-3Q	2015-4Q	2015年計
VC（含むCVC）投資額	332.1	185.8	330.5	385.7	1234.1
内国内	252.9	105.4	194.4	185.0	737.7
内海外	79.2	80.4	136.1	200.7	496.4
CVC投資額	26.6	19.8	16.2	144.3	206.9
内CVC国内	21.1	5.2	9.2	18.2	53.7
内CVC海外	5.5	14.6	7.0	126.1	153.2
CVC比率	8.00%	10.70%	4.90%	37.40%	16.80%

出所：ベンチャーエンタープライズセンター（VEC）ベンチャーニュース（平成28年第6号）図2より集計。

度となっている。近年，米国ないし日本で活発となっている事業会社による投資（CVC）の投資において，日本では海外案件向けの投資が中心となっている。これらのことから，日本のベンチャー企業にとって，ベンチャー・キャピタルは利用しにくく，投資額も小さいという状況となっている。

3　M&A市場

全企業（含むベンチャー企業）のM&A市場の国際比較は**表2-7**のとおり，2012-2014年平均で日本はドイツの約倍で，米国の8分の1程度の118,918百万ドル（110円換算で，13兆809億円）となっている。また同表の2110年-2012年平均と比較すると米国は増加し，日本は減少していることが分かる。

つぎにベンチャー企業全体ではないが，2012年度のベンチャー・キャピタル（含む投資事業組合）の投資先企業（多くの有力ベンチャー企業が含まれる）のエクジット737件の内，売却（含むM&A）は154件で147億円と意外と少なく，IPOの138件で147億円とほぼ同等であった[6]。2014年度の売却におけるM&Aの件数の割合が21.7%（**表2-8**より計算）であり，2012年度の売却におけるM&Aの件数および金額の比率がそれと同等と仮定すると，2012年度における

表2-7　全企業のM&A市場の国際比較

2010-12年平均（百万ドル）		2011-13年平均（百万ドル）		2012-14年平均（百万ドル）	
1位米国	881,223	1位米国	881,488	1位米国	968,928
2位日本	136,331	2位日本	130,523	2位中国	127,672
3位カナダ	120,575	3位英国	128,479	3位日本	118,918
4位中国	119,059	4位中国	112,235	4位カナダ	117,229
5位英国	98,201	5位カナダ	103,755	5位英国	100,464
6位スペイン	57,604	6位ロシア	66,053	6位ドイツ	64,815

出所：IMD World Competitiveness Yearbook 2013, 2014, 2015各年版の"M & A activiity"の項目より集計作成。

件数は，33件程度で金額は32億円程度という推定となり，日本におけるベンチャー企業のエクジットとしてのM&Aは極めて限定的であることが分かる。

最近までのトレンドは，**表2-8**のとおり，ベンチャー企業のエクジットが2015年度の件数において，「経営者等の買い戻し」が最も多く，つぎが「売却（M&Aを含まない）」，そして，「株式公開」，「償却・清算」，「M&A」という順番となっていて，「M&A」が極めて少ない状況となっている。さらにエクジットとしての売却（含むM&A）の件数は同表のように2010年度から2015年度までの推移を見ると伸び悩んでいることが分かる。

日本のベンチャー企業のM&Aが不活発な要因は，主に二つある。一つ目は，大企業，中堅企業がベンチャー企業の製品・サービスに興味を示さないことである。これは日本の大企業や中堅企業が未だに自社が開発した技術に拘り過ぎて，他社が開発した成果を効果的に利用しようとしないことによるものである。二つ目は，日本のベンチャー・キャピタルの投資規模とタイムスパンが小さく，IPOによる早期のエクジットを要求することから結果として魅力的なベンチャー企業が育成されにくいことなどが考えられる[7]。日本のベンチャー・キャピタルの数年間という投資期間では，インターネット関連のベンチャー企業などの場合は，IPOによる回収も期待できる場合があるが，バイオ関連など

6　一般財団法人ベンチャーエンタープライズセンター［2014］，12頁。

表2-8 日本のベンチャー・キャピタルの投資先のエクジットの件数明細

	株式公開	M&A	売却（M&Aを含まない）	償却・清算	経営者等の買い戻し	その他	合計
2010年度	56	175		120	621	71	1,043
2011年度	99	127		106	314	53	699
2012年度	138	154		112	288	45	737
2013年度	117	278		73	260	67	795
2014年度	116	36	130	70	276	54	682
2015年度	92	41	140	49	225	30	577

注1：M&A＝経営権の移転を伴う売却。
注2：売却（M&Aを含まない）＝セカンダリーファンド等への売却。
出所：『ベンチャー白書2016』Ⅰ-28頁図表1-33のデータに基づいて作成した。

の場合は，製品化までにかなり長期の期間を要することから，投資期間が不足している。本来は，もっと業種に対応した投資スタイルが望まれる。

ところで，米国のベンチャー企業のエクジットは2001年ころより，M&Aが中心となって，IPOは件数で1割程度となっている。2013年に実行されたベンチャー企業のM&Aは436件，386億ドル（4兆2,460億円：@110円換算）であった。件数，金額とも過去3年間増加はしていないが，米国ではベンチャー企業のエクジットの主流はM&Aで，その金額は日本をはるかに上回っている[8]。

この節で確認できたことを纏めると，日本のベンチャー企業（ベンチャー・キャピタルの投資先に限定）のエクジットとしての売却は2012年度において，IPOとほぼ同額の147億円で，この内のM&Aは2割程度であり，大変限定的となっている。一方で米国のベンチャー企業のM&Aは，IPOを大きく上回っていて，2013年の取引は386億ドルに達している。米国のベンチャー企業のエクジットとしてのM&Aは大変重要で活発な取引がなされている。米国に比べる

---

[7] 一般財団法人ベンチャーエンタープライズセンター［2014］，13頁を一部参考とした。
[8] 一般財団法人ベンチャーエンタープライズセンター［2014］，10頁のデータによる。なお，米国のデータは，日本のM&Aとは定義が異なり，日本のデータと単純に比較できない可能性がある。

と日本のベンチャー企業のエクジットとしてのM&Aの取引状況は余りにも貧弱と言える。

4　IPO

　全企業（含むベンチャー企業）のIPOの国際比較は**表2-9**のとおり，2013-2015年平均で日本はドイツの倍強で，米国の4分の1程度の12,115百万ドル（110円換算で，1兆3,326億円）となっている。また同表の2110年-2012年平均と比較すると米国は増加し，日本はやや減少していることが分かる。

　前節では，日本のベンチャー・キャピタル（含む投資組合）の投資先のエクジットとしてのIPOは，2012年度に138件（ベンチャー・キャピタルの延べ件数），147億円と記した。ベンチャー・キャピタルが投資していないベンチャー企業も含めた2012年のIPO案件は**表2-10**のとおり，26件（上場社数），218.1億円である。ベンチャー・キャピタルが投資していないベンチャー企業のIPOはさほど多くないことが分かる。

　ところで別の資料によると，米国におけるベンチャー企業のIPOは，2012年は50件，112億ドル（1兆2,320億円：@110円換算）で，2013年は74件，82億ドル（9,020億円：@110円換算）であった[9]。よって，2012年におけるベン

表2-9　全企業のIPOの国際比較

2010-12年平均 （百万ドル）		2011-13年平均 （百万ドル）		2012-14年平均 （百万ドル）		2013-15年平均 （百万ドル）	
1位米国	41,426	1位米国	43,322	1位米国	51,311	1位米国	47,576
2位中国	21,658	2位中国	30,234	2位中国	34,458	2位中国	42,712
3位日本	12,720	3位日本	8,194	3位英国	13,192	3位英国	17,532
4位マレイシア	7,754	4位英国	6,061	4位日本	11,298	4位日本	12,115
6位ドイツ	2,681	10位ドイツ	2,779	8位ドイツ	3,324	7位ドイツ	5,001

出所：IMD World Competitiveness Yearbook2013, 2014, 2015, 2016各年版の"Initial Public Offerings"の項目より集計作成。

表2-10 2012年のベンチャー企業のIPO

上場日	会社名	業種	市場	資金調達額(億円)
3月8日	アイスタイル	化粧品ポータルサイト運営，メディア事業等	東M	8.2
3月14日	エムアップ	携帯・PCコンテンツ配信及びEコマース事業	東M	4.8
3月27日	ベクトル	企業の戦略的広報活動を支援するPR事業等	東M	7.5
4月4日	エイチーム	ゲーム・デジタルコンテンツの企画・開発及び運営，比較サイトや情報サイトの企画・開発及び運営	東M	3.3
5月29日	北の達人コーポレーション	オリジナル健康食品，化粧品，雑貨の企画，開発，製造，販売事業	札ア	2.2
6月20日	日本エマージェンシーアシスタンス	医療機関紹介，医療通訳，緊急搬送等の医療アシスタンスサービスの提供事業及びカード会社向けコンシェルジュ等のライフアシスタンスサービスの提供事業	JQS	3.8
6月26日	モブキャスト	モバイルエンターテインメントプラットフォームの運営	東M	5.5
7月13日	アクトコール	水廻り，電気，ガス，鍵等，日常生活におけるトラブル全般を解決するサービスの提供	東M	4.3
7月19日	ワイヤレスゲート	ワイヤレス・ブロードバンドサービスの提供	東M	5.4
7月24日	エニグモ	ソーシャル・ショッピング・サイト「BUYMA（バイマ）」の企画・運営	東M	3.0
9月28日	メディアフラッグ	店舗・店頭マーケティングに特化した覆面調査事業，営業アウトソーシング事業，システム事業等	東M	1.0
10月4日	日本コンセプト	タンクコンテナを使用した国際複合一貫輸送及び付帯業務	JQS	12.5
10月19日	トレンダーズ	ソーシャルメディアマーケティング事業，女性のためのライフスタイル支援メディア事業	東M	6.9
11月12日	ありがとうサービス	「HARD OFF」及び「BOOK OFF」のFC店舗の運営を行うリユース事業並びに「モスバーガー」等のFC店舗の運営等を行うフードサービス事業	JQS	3.7
11月21日	エストラスト	不動産分譲事業（用地仕入，企画，分譲），不動産管理事業（管理委託，収益不動産の賃貸）	東M	4.5
11月30日	ジーンテクノサイエンス	バイオ医薬品の研究開発	東M	10.4

12月6日	IBJ	ソーシャル婚活メディアを中心とした各種婚活サービスの運営及びライフデザインメディア事業等	JQS	4.0
12月7日	テクノスジャパン	ERPパッケージを中核とする基幹業務システム導入支援及び周辺ソリューションの提供等	JQS	8.5
12月11日	UMNファーマ	医薬品の開発・製造・販売	東M	44.5
12月11日	enish	インターネットを通じたソーシャルアプリの企画・開発・提供	東M	8.7
12月13日	コロプラ	位置情報ゲームプラットホーム及びスマートフォン特化型アプリの開発・運営，リアル連携サービスの提供	東M	39.6
12月19日	モバイルクリエイト	GPS・インターネット・携帯電話パケット通信網等のインフラストラクチャーを利用した移動体管理システムの通信・アプリケーションサービスの提供及びシステムの開発・販売	東M	6.8
12月20日	シュッピン	インターネット等における，中古品の買取と販売及び新品の販売	東M	3.1
12月20日	ユーグレナ	微細藻ユーグレナ（和名：ミドリムシ）を活用した機能性食品の製造・販売，バイオ燃料・環境技術の研究開発等	東M	9.4
12月21日	グランディーズ	建売住宅及び投資用・分譲用マンションの販売並びに建築請負を主体とする不動産販売事業	福Q	0.9
12月21日	地盤ネット	住宅地盤の調査，解析及び地盤品質証明サービスの提供	東M	5.6
	合計（26社）			218.1

出所：岡三証券株式会社企業公開部の新規上場会社一覧（H24年12月28日作成）を下に，ベンチャー企業に該当しないと思われる企業を除いて作成。

チャー企業のIPOを日本と米国を比較すると，米国は日本の約56倍の規模であったこととなる。

この節で確認できたことを纏めると，2012年において日本のベンチャー企業のIPOは，約218.1億円であり，米国のIPOは112億ドルで，米国は日本の約56倍の規模であった。

---

9 一般財団法人ベンチャーエンタープライズセンター［2014］，10-11頁のデータによる。

《本章のまとめ》

本章で確認できたことを纏めると，表2-11のようになる。項目間と日米間で対象期間が異なっていること，M&Aの定義が日米間で異なっている可能性が高いこと，日本のエンジェル資金は推定値であることなどから，一概に単純比較はできないが，日米間の概要を比較することはできると思う。「VC等の投資資金」と「IPO資金」においては，50-60倍程度の差であるが，「エンジェル資金」と「M&A資金」の差は推定値であることや定義の違いがあるとはいうものの極めて大きな差があることは間違いないと言える。日本のベンチャー企業は，VC等の投資資金を得た後は，IPO資金に頼るしかないことから，所謂"死の谷"が長くなるような環境にあることが分かった。

表2-11 ベンチャー企業が利用できる資金の日米比較（単位：億円）

	エンジェル資金（日本2012年度，米国2012年）	VC等の投資資金（日本2015年度，米国2015年）	M&A資金（日本2012年度，米国2013年）	IPO資金（日本2012年，米国2012年）
日本	25	1,302	32	218
米国	25,190	71,475	42,460	12,320
米国／日本	1,025倍	55倍	1,327倍	56倍

【参考文献】

東洋経済［2017］『週刊東洋経済2月18日号』「ベンチャー沸騰！」
一般財団法人ベンチャーエンタープライズセンター編［2016］，『ベンチャー白書2016』，一般財団法人ベンチャーエンタープライズセンター
株式会社野村総合研究所（経済産業省委託）［2016］，『「平成27年度起業・ベンチャー支援に関する調査　起業家精神に関する調査」報告書』
Institute for Management Development ［2012］, ［2013］, ［2014］, ［2015］, ［2016］. IMD World Competitiveness Yearbook

【インターネット情報】

University of New Hampshire, The Angel Investor Market in 2011-2015

一般財団法人ベンチャーエンタープライズセンター［2014］『平成25年度創業・起業支援事業（起業家精神と成長ベンチャーに関する国際調査）「成長ベンチャーの創出環境の国際比較認知度向上へむけて」報告書』

株式会社テクノリサーチ研究所（経済産業省委託）［2008］，『「平成20年度エンジェルネットワークの形成促進に関する調査」報告書』

経済産業省［2016］『租税特別措置等に係る政策の事後評価書（エンジェル税制）』

第2回経済財政諮問会議（平成26年2月）資料5－2「中長期の安定した投資の推進に向けて」

第3章 産学連携とベンチャー企業

　本章では，技術系ベンチャー企業が多く生まれる大学と企業などの協働である産学連携が扱われ，大学で生まれた知的財産である新しい技術を特に大学発ベンチャー企業がいかに活用して，事業化を図るべきかという議論が行われる。そこで本章においては，まず日本の産業発展のために産学連携がいかに重要なのか，さらに産学連携の相手企業としてベンチャー企業あるいは，大学発ベンチャー企業は相応しいのかという事項が検討される。

1　産学連携の必要性

(1) 企業連携の必要性

　最近の企業活動の特徴として，巨大企業が材料から製品を一貫して製造するのではなく，いくつかの企業がフラットな関係で商品を作るスタイルへの変化がある。トーマス・フリードマンは，アメリカの多くの企業がインドに多岐に亘るサービスをアウトソースしている状況を観察し，あるいは多くの企業や人々をインタビューし，「いまの世界のフラット化は，従来の大変化とは本質的に違う。速度と範囲が桁外れなのだ。例えば，グーテンベルクの活版印刷の実用化の場合は，何十年もかけて行われ，長いあいだ地球のごく一部にしか影響を及ぼさなかった。産業革命も同じだ。いまのフラット化の過程は，時間が

ワープしているような速さで進み，直接的もしくは間接的に地球のかなりの範囲の人々に同時に影響をあたえている。新しい時代への移行は速く，そして幅広く，破壊的な力を秘めている」と述べている。彼の意見によると，世界の企業同士の関係がフラットになった主な要因として，まずインターネットによる情報網の発達があり，加えて，インドの会社が豊富なサービスを提供し，中国の会社が生産力を提供できるようになったことがある[10]。

　一つの会社が活動に必要なものを全て社内で保有する自前主義から一部の経営資源を外部に依存する連携主義への変化が起こっている。米倉誠一郎教授は，「20世紀型企業の組織構造パターンに重要な変化が生じた。新しい製品やサービスをそれこそ数ヵ月や半年という単位で開発し続けるには，開発に必要な経営資源をすべて企業内部に蓄積し，維持していくことは難しい。取引費用の考え方でいえば，外部取引費用よりも内部管理費の方がはるかに高くなってしまう」。そして「まったく新しい技術に基づいた複合的なビジネスを立ち上げるには自社の内部蓄積に依存するよりも，それぞれが強いところをもち合う方がより早くより効果的に行えることが共通認識」となったとしている[11]。企業間のネットワークの発達により，必要に応じ複数の企業が共同で商品・サービスを提供するようになってきている。また西村吉雄教授は，「いつの時代にも，一つの会社が，すべての仕事を社内でまかなうことはない。なぜ企業のある種の活動は社内で行われ，ほかの活動は社外の市場で調達されるのか。」「企業は財やサービスを配分する仕組みの一つであり，もう一つの仕組みに市場がある。同じ目的を，社内で実現すれば『企業を使う』ことになり，社外に頼めば『市場を使う』ことになる。どちらが安くて速いか，これが社内か社外かの選択の決め手になる」と指摘している[12]。世界的に見て，企業間の関係は従来とは大きく変化し，大きな会社が自社で，設計し，部品を生産し，さらに多くの部品

10　Friedman, [1996], pp.15-79.
11　米倉 [1999], 242-245頁。
12　西村 [2003], 107-108頁。

を設計図通りに組み立てて社内で完成品を製造する時代ではなくなっている。企業同士がフラットな関係を構築し，競争しながらも，相互に連携し，商品を完成する時代となっている。

(2) 産学連携の必要性

自社で研究開発を行うために，大きなメーカーは，従来，必ず研究機能を有する組織を持っていたが，全てのメーカーに工場とは独立した形態をとる中央研究所は必要なのであろうか。

この点について，リチャード教授らはつぎのように述べている。「米国における企業の科学研究所にとっての一つの時代の終わりを，我々はいま目撃して」おり，「研究所の指導者層は，研究を基礎科学や先駆的技術といった方向から，企業で進行中の製品開発・製法開発にもっと貢献してくれそうな，成果を独占できそうな，そして近い将来商業的な見返りが強く期待できそうな活動に移さなければならなかった。」「かつて市場を支配した企業（たとえばAT&T，IBM，コダック，ゼロックスなど）ですら，研究所が産み出す技術から無条件で経済的利益を引き出せるとは言いがたくなった[13]。」

特に業績の良い会社の中央研究所には，従来の事業に直接関係のないような技術の開発は難しい。ステンセン教授が主張する「イノベーションのジレンマ」である。よって，既存の優良な大企業においては破壊的なイノベーションは起こりにくいと言える。

そこで，企業の中央研究所に代わる研究機関として，大学など外部の研究機関が産業の発展にとって重要となる。「基礎研究における発見には，応用研究の効率を改善する力がる。大学の研究などの基礎研究の経済面での成果は，この力を通じて実現される」[14]。このような社会的なニーズを背景に，米国における大学の役割が1980年前後に大きく変わる。そのきっかけとなったのは，何

13　Richard [1996], pp.305-306.
14　Richard [1996], p.309.

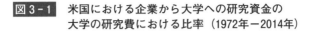

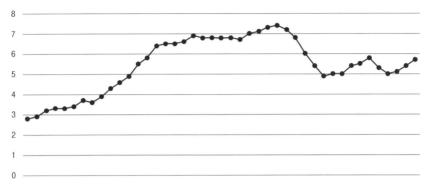

出所：Science and Engineering Indicators 2016　chapter5, table 5-1より作成。

と言っても1980年に成立したバイ・ドール法である。この法律の成立により政府資金による大学の研究成果（知的財産）も，帰属する大学の所有とみなされるようになった。このことから，従来は特定の企業に移転できないことから，休眠特許となる発明がビジネスに活用できるようになった。1980年以降の米国の産学連携は活発となり産業界から大学への研究資金の流入が増加することとなった[15]。そのことにより，企業から大学への研究費について，企業の研究開発費における比率ないし大学の研究費における比率は，明らかに，図3-1のとおり1980年代に大きく伸びている。

渡部俊也教授らは，「バイ・ドール法は米国特許の200条から212条までを指す。大学からの『技術移転』を促進する画期的な法律だった。たとえば，現在のスタンフォード大学では，研究資金の約85％が政府資金でまかなわれている。他大学でも同様だ。バイ・ドール法がなければ，大学で生まれた発明の大半は技術移転の対象にならなかっただろう[16]」と指摘している。今日，大学から企

15　西村・塚本［2005］，11頁。
16　渡部・隅蔵［2002］，91頁。

業になされる技術移転という考え方の基礎はバイ・ドール法が原点となっていると言える[17]。またスタンフォード大学のコーエンとカリフォルニア大学のボイヤーが開発した「遺伝子組み換え技術」は，バイ・ドール法が成立した1980年に特許が成立し，特許が切れる1997年までに合計で2億5000万ドルのライセンス収入をスタンフォード大学にもたらしている。この成功に刺激され多くのバイオ・ベンチャー企業がカリフォルニアで生まれ，同時に大学から企業への技術移転に強い影響を与えたと言え[18]，後にシリコンバレー・モデルと呼ばれる産学連携モデルを生むこととなる。西村吉雄教授らは，「シリコンバレーが成功モデルの役割を果たし」，「大企業中央研究所方式とは異なる研究開発モデルが成長していた。」このモデルにおいて，大企業は「大学やバイオ・ベンチャーとのコラボレーションに向かう。資金，業界知識，市場などを提供し，見返りに新知識を得て，新薬を製造販売する。こうして大学，バイオ・ベンチャー，大規模な製薬会社の連携・協力関係が成立する」。「シリコンバレー・モデルの特徴は，ＩＴであれバイオであれ，企業家（entrepreneur）の母体としての大学の役割が著しく大きくなったことである」と述べている[19]。これらバイ・ドール法の成立と遺伝子組み換え技術の成功が，さらに米国の各地に技術移転組織であるTLOの設立を促進させ米国の産学連携を促進させたと言える[20]。

　ところで，1980年代から1990年代において，好景気であった米国において，特に成長の顕著であったシリコンバレーにおける産学連携が，日本では注目されているが，下地として，企業相互の関係がフラットになり，さらに企業の中央研究所に代わる研究機能として，大学のニーズが高まっていたところに，大学からの技術移転がスムーズに行えるようになったことから，米国では産学連携が活発となったのである。

17　清野［2004］，12頁。
18　渡部・隅蔵［2002］，119頁。
19　西村・塚本［2005］，8-10頁。
20　渡部・隅蔵［2002］，91-92頁。

ところが，当時の日本の状況はかなり違っていた。西村吉雄教授によれば，「1980年代後半のバブル経済華やかなりしころ，日本を基礎研究ブームが覆う。」その結果が「科学優位主義とリニア・モデルである。欧米でようやく終わろうとするとき，バブルの日本では逆に燃えさかってしまった。国立研究所も産業界も，産業的な価値を無視するかのように基礎研究に力を入れようとした。」「バブル崩壊とともに基礎研究ブームも泡と消え」，「欧米がこの四半世紀，血みどろの努力の果てに，大学を産業的価値の源泉に位置づけていたことを，ようやく知る。こうして1990年代後半から日本でも，産学関係の再構築と大学改革が始まる[21]」というのである。そうして，米国でバイ・ドール法が成立してから，概ね20年後の，1998年に「大学等における技術に関する研究成果の民間事業者への移転の促進に関する法律」（TLO法）が施行され，さらに1999年に「産業活力再生特別措置法」（日本版バイ・ドール法）が成立した。このことにより，公的な研究費による大学の研究成果が知的財産として，TLOなどの機関が管理ないし支援し，民間の事業者に移転が行える体制が，日本でも整った。

　この節をまとめると，一つの大企業が材料から製品を一貫して製造する時代は終わり，企業同士がフラットな関係を構築し，競争しながらも，相互に連携し，商品を完成する時代となっている。そして新しい技術は企業の中央研究所からではなく，大学で生まれた発明を企業に移転する産学連携の時代となっており，日本も米国と比べると，遅れてはいるが，1998年のTLO法の成立以降ようやく大学からの技術移転の体制が整ってきた。

2　産学連携の相手としての大学発ベンチャー企業

　産学連携には大きく分けて二つの方法がある。その一つは，大学で生まれた技術を既存の大企業などにライセンスし実用化を図る方法である。もう一つは，大学で生まれた技術を元にベンチャー企業を起こし事業化を図る方法である。

21　西村［2003］，151-152頁。

この二つの方法について考えてみる。大学で生まれた技術で実用化を図ろうとされるものの多くは，従来の技術を駆逐するような破壊的な技術となる可能性を秘めたものが含まれる。しかし，開発段階で，理論が証明されたに過ぎず実用化にはクリアーすべき問題が残っている段階とも言える。この前提から，大学で生まれた技術を活用するには，大企業にライセンスないしベンチャー企業を起業するかのどちらの方法が相応しいのであろうか。

　イノベーションの担い手として，ベンチャー企業が重要と言える。クリステンセン教授は，大企業は不確かな技術に基づいて商品を開発することに向いていないと主張した。「イノベーションのジレンマ」である。クリステンセン教授は，既存の優良な大企業でイノベーションを起こしにくい要因として，破壊的技術における5つの原則の存在を指摘している[22]。それは，原則1「企業は顧客と投資家に資源を依存している」つまり現在の顧客が要望する前に利益率が低い段階で経営資源を投入することは実績のある企業ほど困難なこと，原則2「小規模な市場では大企業の成長ニーズを解決できない」，原則3「存在しない市場では分析できない」つまり実績のある企業ほど不確かな技術への投資が困難となること，原則4「組織の能力は無能力の決定的要因になる」つまりイノベーションにより生まれるような新しい市場は，従来の技術に必要な能力とは別の能力が必要なこと，原則5「技術の供給は市場の需要と等しいとはかぎらない」つまり破壊的な技術は当初は小さな市場で使われること，以上の五つである。そして同教授は，この大企業が持っている問題点の解決策として，「運営組織を比較的小規模にとどめておく」べきで，「分散型企業は一枚岩の中央集権型企業に比べ，破壊的イノベーションを捉え，熱意を持って追及できる価値基準を，ずっと長く保つことができる」として，小さな組織が破壊的なイノベーションには必要としている[23]。

　あるいは，シェーン教授は，「大学発ベンチャーは確かに希少だが，その重

22　Christensen［2000］, pp.14-19.
23　Christensen［2003］, p.306.

要性はきわめて高い。大学発ベンチャー企業は，少なくとも5つの理由（地域経済の発展を促す，大学技術の商業化に役立つ，研究と教育という大学の使命を支える，圧倒的に実績が高い企業である，既存企業へのライセンス供与よりも高い収入を大学にもたらす）から，価値が高い[24]」とし，大学の技術はライセンス供与されるよりもベンチャー企業に移転されるべきと指摘している。

また柳孝一教授は，学会での議論ないしベンチャー企業との関わりの経験から次のように述べている。「イノベーションによるベンチャー企業こそが，『創造的破壊』を通じて，経済発展の担い手になるという，明快な命題がすでに光り輝いているのである。そして，その後の歴史的事実は，米国，その他の国々において，この命題の正しさが証明されているのである[25]」と。

大学で生まれた技術は，革新的であっても実用化に不確かな面があり，技術領域にもよるが，大企業へのライセンスよりはベンチャー企業に任せることが相応しいと思われる。シェーン教授は，「大学発ベンチャーは，アーリーステージの不確実な大学技術を商業化するための効果的な手段となる。この種の発明には，既存の大企業は投資したがらないため，大学発ベンチャーがライセンスを受けなければ，開発されずに終わる可能性が高い」としている[26]。よって本書においては，大学発のベンチャー企業の起業による産学連携を議論の中心にする。

ここで，まず大学発を含めたベンチャー企業の定義を確認する。ベンチャー企業の定義について柳孝一は「高い志と成功意欲の強いアントレプレナー（起業家）を中心とした，新規事業への挑戦を行う中小企業で，商品，サービス，あるいは経営システムにイノベーションに基づく新規性があり，さらに社会性，独立性，普遍性を持ち，矛盾のエネルギーにより常に進化し続ける企業[27]」としている。また松田修一教授は，「成長意欲の強い起業家に率いられたリスク

24　Shane［2004］, p.26.
25　柳［2004］, 2頁。
26　Shane［2004］, p.33.
27　柳［2004］, 19頁。

を恐れない若い企業で，製品や商品の独創性，事業の独立性，社会性，さらに国際性を持ったなんらかの新規性のある企業[28]」と定義している。本書においては主に大学などで生まれる高度な技術の事業化を目指すベンチャー企業などを取扱うことから，「高い志を持ったアントレプレナーに率いられた高度な技術ないし独創的な製品・商品の開発・事業化を目指す成長力のある企業」と定義する。

　つぎに，ベンチャー企業の中の，大学発ベンチャー企業の定義を検討する。前田昇・安部らは，つぎの三つの形態の企業と定義している[29]。

　　1．人材移転型……大学の教員，技術系職員又は学生がベンチャー企業の創立者になるか創立に深く関与した場合。
　　2．技術移転型……大学における研究成果又は大学で習得した技術に基づいて起業された場合。
　　3．出資型……大学や関連のTLO（技術移転機関）がベンチャー企業創立に際して出資又は出資の斡旋を行った場合。

　一方，経済産業省の「18年度大学発ベンチャーに関する基礎調査報告書」においては，「大学で生まれた研究成果を基に起業したベンチャー，大学と深い関連のある学生ベンチャー」を「コアベンチャー」として，議論の中心としている。つまり過去に大学と共同研究をしたことがあるだけというような企業ではなく，大学との関係がより深いベンチャー企業を大学発ベンチャー企業として主に扱っている。本書は知的財産戦略を議論検討することを目的としており，本書においては，大学で生まれる技術の移転と育成による産業のイノベーション目指す企業として，大学発ベンチャー企業を「大学で生まれた技術（知的財産）に基づいて起業されたベンチャー企業」と定義し，この種のベンチャー企業を議論の中心に置くこととする。

　ところで，ベンチャー企業は産業のイノベーションに欠かせない存在と言え

28　松田［2005］，15-16頁。
29　前田・安部［2005］，77頁。

る。このベンチャー企業の特徴について，清成忠男教授はつぎのように述べている。「第一に，企業家によってリードされている。」「第二は，企業家の知的能力が高いという点である。知的能力が高いということは，現代的イノベーターに必須の条件であろう。総じて高学歴で，高い専門能力を有しているのである。」「第三は，大企業ないしは中堅企業からスピン・オフした企業家が多いという点である。能力を発揮するために既存の組織を離れ，自らの組織をつくるのである。したがって，ベンチャービジネスの企業家には，大企業体制の限界を明確に意識している者が多い。」「第四は，ダイナミックな組織である。人間が支配する組織であるともいえる。組織が人間を支配するのではない。環境の変化に，柔軟かつスピーディーに適応しうる組織を用意している。」「第五は，人的経営資源の蓄積である。知識集約型企業の特徴であるともいえる。」「第六は，システム的発想である。外部経済の活用に意を用いているのである。[30]」この特徴から見ても，ベンチャー企業は，大学が産学連携を行うに際し，連携する相手として相応しい企業体であると思われる。

　大学発のベンチャー企業の経済効果について，「平成19年度大学発ベンチャーに関する基礎調査報告書」は，**表3-1**のとおり，直接効果で約28百億円，波及効果で約51百億円と推計しており，経済成長への影響を示している。同報告書も，「大学発ベンチャーの経済効果は，創出数と個々の企業の成長を通じて増大することが期待されており，引き続き，創出とともに個々の成長にも焦点をあてていくことが重要である」と指摘している。

　米国では，多くの大学発のベンチャー企業が上場を果たし，さらに成長を遂げ米国経済の成長に大きく寄与している[31]。よって大学発ベンチャー企業の育成は，先端的な技術の将来的発展のみならず，経済成長に直接的に貢献するものと言える。

　この節をまとめると，大学で生まれた技術は，革新的であっても実用化に不

30　清成［1996］，77-78頁。
31　Shane［2004］，pp.19-50.

表3-1 平成19年度における大学発ベンチャー企業の経済効果の推計

	直接効果	波及効果
市場規模	約28百億円（約6百億円増）	約51百億円（約11百億円）
雇用者（従業者）数	約23千人（約3千人増）	約36千人（約8千人増）

(注)：カッコ内は，前年度との増減
出所：平成19年度大学発ベンチャーに関する基礎調査報告書（経済産業省）9ページの図表2-7より。

確かな面があり，確実性を重視する大企業へのライセンスよりはベンチャー企業に任せることが相応しい。本書においてベンチャー企業を「高い志を持ったアントレプレナーに率いられた高度な技術ないし独創的な製品・商品の開発・事業化を目指す成長力のある企業」と定義し，また大学発ベンチャー企業を「大学で生まれた技術（知的財産）に基づいて起業されたベンチャー企業」と定義することとした。大学発ベンチャー企業は産業のイノベーションに欠かせない存在になると思われる。

《本章のまとめ》

　現在は，一つの大企業が製品を一貫して製造する時代ではなく，企業同士がフラットな関係を構築し，相互に連携し，商品を完成する時代となっている。そして新しい技術は企業の中央研究所からではなく，大学で生まれた発明を企業に移転する産学連携の時代となっており，日本も1998年のTLO法の成立以降ようやく大学からの技術移転の体制が整ってきた。しかし，大学で生まれた技術は，実用化に不確かな面があり，大企業よりもベンチャー企業に任せることが相応しい。大学発ベンチャー企業の育成は，先端的な技術の将来的発展のみならず，日本の経済成長に直接的に貢献するものと言える。

【参考文献】

Christensen, M. Clayton ［2000］, The Innovator's Dilemma, Harvard Business School Press,

Boston（伊豆原弓訳［2001］,『イノベーションのジレンマ増補改訂版』, 翔泳社）
Christensen, M. Clayton and Raynor, E. Micael（2003）, The Innovator's Solution, Harvard Business School Press, Boston（櫻井祐子訳［2003］,『イノベーションの解』, 翔泳社）
Friedman, Thomas［1996］, The World Is Flat, International Creative Management, Inc. London（伏見威蕃訳［2008］, フラット化する世界〔増補改訂版〕（上）』, 日本経済新聞社）
Richard S. Rosenbloom & William J. Spencer［1996］, Engines of Innovation, President and Fellows of Harvard College（西村吉雄訳［1998］,『中央研究所の時代の終焉』, 日経BP社）
Shane, Scott［2004］, Academic entrepreneur, Edward Elgar Publishing Ltd.（金井一頼・渡辺孝監訳［2005］,『大学発ベンチャー』, 中央経済社）
価値総合研究所（経済産業省委託）［2007］,『平成18年度「大学発ベンチャーに関する基礎調査」実施報告書』
清成忠男［1996］,『ベンチャー・中小企業　優位の時代』, 東洋経済新報社
清野裕［2004］,『技術移転ガイドブック』, 羊土社
西村吉雄［2003］,『産学連携』, 日経BP社
西村吉雄・塚本芳昭責任編集［2005］,『MOT産学連携と技術経営』, 丸善
前田昇・安部忠彦責任編集［2005］,『MOTベンチャーと技術経営』, 丸善
松田修一［2005］,『ベンチャー企業』, 日本経済新聞社
柳孝一［2004］,『ベンチャー経営論』, 日本経済新聞社
米倉誠一郎［1999］,『経営革命の構造』, 岩波書店
渡部俊也・隅蔵康一［2002］,『TLOとライセンス・アソシエイト』, ビーケイシー

第Ⅱ部

日本のベンチャー企業のための戦略

第4章／知的財産権の基本事項
第5章／先行文献に見るベンチャー・中小企業の知的財産戦略
第6章／ベンチャー企業に相応しい知的財産の確保のための具体策
第7章／大学発ベンチャー企業の特徴と知的財産戦略
第8章／複数の商品を開発するモデルの検証
第9章／複数の商品を開発する技術系ベンチャー企業の事例

第4章

知的財産権の基本事項

　ベンチャー企業の知的財産戦略を検討するためには知的財産権に関する理解が欠かせないが，特許などの出願実務あるいは国際出願なども含めると幅広い専門的な知識と経験が必要となる。それらを解説した専門書などはいろいろとあるので，本章ではアントレプレナーが特に理解しておくべき重要な事項に限定して説明する。

1　知的財産権の意義

　知的財産権には，特許権，実用新案権，意匠権，商標権，著作権，営業秘密（秘密として管理されている有用な技術・営業上の情報）など様々な種類のものがある。これらの権利は開発者や創作者の努力を正当に保護する権利である。ベンチャー企業は，そもそも独自の高度な技術などを事業化するために新しく起業された事業体であることから，自社が開発・保有する技術などを守りつつさらに育成するために，アントレプレナーが知的財産権について的確に理解していることが重要となる。ベンチャー企業が技術を保護するために利用するのは主に特許権ないし実用新案権と言える。特許出願など実務的な事項は弁理士に任せるということで問題ないが，知的財産の根本的な事項についてはアントレプレナー，経営サイドで理解し判断する必要がある。技術系ベンチャー企業の成長には，知的財産権による自社技術の適切な保護が欠かせない。一方，既

存の中小，中堅，大企業は，特別な技術などないような場合でも，商品のブランド力，永年培った取引先との良好な関係，信頼できる従業員などの存在により発展は十分に可能な場合も多いはずである。

　ベンチャー企業が開発する技術を特許などの制度を利用して，権利化することは，技術を保護すると同時にベンチャー企業の信用力を増すことに直結している。技術を保護しつつ育成する体制が整っていて初めて共同研究者との契約が成立するはずであり，さらに公的な助成金を受ける可能性が大きくなると言える。もし体制が整っていなければ，共同研究ないし助成金による事業の成果を知的財産として保護できず第三者に流出する可能性があり，共同研究費用や助成金が無駄になると言える。資金提供者の立場から見ると競争相手に技術が利用されかねないということである。第三者は権利化されていない限り技術を合法的に利用できる可能性がある。さらにベンチャーキャピタルなどが投資対象として検討するのは知的財産権で適切に保護された技術を持つベンチャー企業だと言える。

2　特許などの出願をするタイミングとその可否

　アントレプレナーが判断すべき最も重要な事項はいつ出願するかである。この判断には，出願しないという判断ないし後述する先使用権の利用（特許制度により一定期間後に公開されることを避け社内限りとすること）が含まれる（第6章で詳述）。これらの判断を弁理士に任せることはできない。弁理士は業務上，「早期出願を」という意見に成りがちだからである。

　出願するか否か，およびそのタイミングは，まず費用と支払い時期に関係する。特許の場合，出願内容や特許事務所により差があるが，概算で出願時に30万円前後，その後の特許庁との対応と審査請求（出願から3年以内）で20-30万円程度の費用が生じる。国際出願（基礎となる出願から1年以内）すると英語の翻訳費用が必要な場合（米国など）は，さらに400-500万円以上必要となる（優先日から30カ月内）。ベンチャー企業にとってかなりの費用負担となる。

研究成果が複数ある場合は，費用もその件数に応じた費用となる。

　アントレプレナーは新しく行われた発明が，事業性が十分にあり費用をかけるに値するかどうかを判断する必要がある。多くの場合，この判断は難しく，研究の様子を見るなどということとなる。時間をかけることにより判断材料を得ることができる場合も多い。しかし，大学発のベンチャー企業の場合など研究者が学会ないし論文発表を行うため，発表前に原則として，特許出願する必要があることから，アントレプレナーは発表の数カ月前には判断を迫られることとなる。発明の当初は事業性の判断は容易でなく，特許出願は行うが，数年後の審査請求の手続きは，その後の研究成果の結果などを確認して判断するなどで対応するしかない場合もある。事業性が乏しいと判断された場合は，審査請求をしない，また登録された場合でも継続して発生する費用を削減するために，特許を放棄することとなる。

　大手企業などとの共同研究により研究費を得ようとする場合，ベンチャー企業は独自技術を特許などで権利化して，技術流出を防止する必要がある。共同研究を提案する段階で技術内容を開示することとなるからである。理論的には秘密保持契約を締結すれば問題ないという考えもあるが，限界がある。複数のメーカーと同時並行的に交渉を重ねるためには，特許出願は必要であろう。そもそも権利化していないような技術内容の共同研究は検討すらしないという大手企業も存在する。よってアントレプレナーは，共同研究の可能性を判断して，特許などの出願を準備する必要がある。また発明の事業性，価値が十分あると判断できる場合は，研究成果が途中の段階であっても，とりあえず現段階で特許などの出願を行い，共同研究の交渉ないし助成金の申請などを行い，残りの研究成果を1年以内に後述する「国内優先権」の制度を利用して追加で特許化するなども考えるべきである（第6章で詳述）。

③ 特許，実用新案の特長

　ベンチャー企業が独自の技術を保護するために利用できる制度・権利として

は主に特許と実用新案がある。アントレプレナーが知っておくべき各権利の特長について，限定して要点を説明する。

(1) 特許

A　概要

　実用新案が，物品の形状，構造または組み合わせに関するものに限定されているのに対し，特許にはそのような制限がない。また実用新案の権利の存続期間が出願から10年であるのに対し，特許は20年（医薬品の一部は5年間の延長が可能－特許法67条－）と長い。よって医療関係の商品など商品化までの開発期間が長期にわたるような発明は特許を利用することが適している。また製造方法などの「方法の発明」は，特許の対象となるが実用新案の対象とはならない。特許権の発生は，特許庁の審査にとおり（査定），特許料を支払った後，特許原簿に登録された日から発生する。ただし出願から1年半後の公開後の模造品に対しては警告書を発することにより特許成立後にライセンス料を請求することが可能となる。特許の成立要件である「新規性」と「進歩性」の審査は出願時点での「新規性」と「進歩性」が対象となる。また同一内容の発明が行われた場合は，先に出願した者の出願が優先する（先願主義）。発明を先に行った者が優先されるということ（先発明主義）はない。米国も2013年に，この先発明主義から先願主義に変更となった。

B　特許の成立要件
①　特許の保護対象

　　自然法則を利用した技術的思想の創作が保護対象となる（特許法2条）。よって，人の精神的活動による暗号作成方法，遊戯のルールは対象とならない。例えば麻雀の新しいルールなどは対象とならず，電動雀卓のような新しいゲーム機器は対象となる。

②　登録要件

　　産業上利用可能性，新規性，進歩性の三つの要件を全て満たさないと特

許を受けることができない。

a．産業上利用可能性

　産業に利用できる発明であり，単なる学術的な発明であってはならない。医療行為は人道的立場ないし営利目的とならないという考えから産業上利能性がないと考えられている。

b．新規性

　特許が与えられるということは独占権を得ることである。特許とは世の中に知られていない新しい発明を公開（出願後1年半）する見返りであると言える。よって，出願時に国内外において，公然と知られていたり，発明実施品が公知となっていたり，公開の刊行物に記載（含むインターネットの記述）されていたりしていてはならない。ただし出願前6カ月以内に行った発表については救済規定がある（特許法30条1項）。

c．進歩性

　特許性の三つの要件の中でも，判断が最も難しく，特許庁における重要な判断要素となっている[32]。

　この進歩性の判断により，自社技術に特許性があるか否かは，ベンチャー企業にとって重要な問題である。進歩性の有無は，特許を巡る争いの主要な要素となっている

〈進歩性判断の必要性〉

　特許法の趣旨より，発明が特許発明として公的に認められるために，特許法は発明に新規性があるだけでは足らず，既存の技術から，さらに進歩した発明としての進歩性を要求している（特許法29条2項）。特許は特許権者に長期に亘り，当該技術の独占を許すことから，その技術を利用した事業への特許権者以外の者の参入は容易でなくなる。よって，進歩性のない発明を特許すると，競争原理が働きにくくなることから，産業の発展に

32　進歩性の項目は，関水信和［2012］に掲載した論文を抜粋して一部を書き換えた。詳細は同論文を参照。

逆に悪い影響を与える恐れがある。特許制度は，特別に困難な課題を解決した者のみに，公開と引き換えに特許権を与え，高度な発明を奨励しているのである。もっとも進歩性の審査を極端に厳しいものとすると，発明を完成させてもなかなか特許化されなくなり，事業者は開発費用を回収することができないリスクが高まり，開発投資に消極的となる。これでは，発明を奨励し，産業の発展に寄与する特許法の目的を達成できなくなる。

〈進歩性判断の要素〉

発明の詳細説明は，目的・構成・効果からなされる。進歩性の有無の判断は，まずその構成の予測性ないし困難性が対象となる。そして，発明の目的と効果を参考として，出願時点の公知技術と対比して，同業の者（当業者）が総合的に容易に思いつけないと考えられる場合に進歩性が認められる。

そして技術的な進歩の要否が問題となる。進歩性の要件を充足させるために，技術的な進歩が必要とは規定されていない。もっとも発明の容易性を判断するにあたり，技術上の進歩は参酌されるが，必要とはされていない。

また，商業的な成功は米国においては，進歩性を審査するに際して，参酌の対象とされる。ただし，日本においては，特許・実用新案審査基準[33]（2015.4.1更新）第Ⅱ部第2章2.8(6)において，参酌できると規定されているものの，従来，ほとんど進歩性の判断の根拠とはされていない。なぜならば，商業的な成功は発明内容以外に宣伝活動などの成否に依る場合が多いと考えられているからである。

〈進歩性の解釈〉

特許法29条2項は，「特許出願前にその発明の属する技術の分野におけ

---

[33] 特許庁が特許などを審査する際に利用する基準で，1958年に『審査基準』として公開されて以来，適宜改訂されている。特許庁はホームページにおいて，「審査基準は，法規範にはあたらないが，審査基準を参照することにより，審査官は，特許法の趣旨に沿った出願の審査を一層公平妥当かつ効率的に行うことが可能」となるとしている。

る通常の知識を有する者が前項各号に掲げる発明に基づいて容易に発明をすることができたときは，その発明については，同項の規定にかかわらず，特許を受けることができない」としている。

「容易に発明をすることができたとき」とは，当業者が，29条1項の公知となっている発明（引用発明）に基づいて，容易に発明できたことを意味している。この容易にできたかどうかを客観的に判断することは大変難しい。判断する基準ないし手法として，従来からの裁判例・学説・審査基準はあるが，特許庁は平成7年5月に制定された運用指針に，「論理づけ」という従来なかった手法を導入した。そして，この手法は，特許・実用新案審査基準においても踏襲され，さらに「動機づけ」を含めた「論理づけ」というアプローチ手法となった。

「論理づけ」とは，請求項に係る発明に最も近いと思われる引用発明（既存発明・慣用技術）を請求項毎に選んで，請求項の発明と引用発明を比較・検討し，一致点と相違点を把握した上で，当業者が引用発明により，請求項の発明に到達することができるか論理づけを試みる。その際に引用発明と比較して有利な効果がある場合はその点参酌される。その結果，論理づけができる場合は請求項の進歩性が否定され，論理づけができない場合は進歩性が否定されない。また，引用発明の中に，A．技術分野の共通性，B．課題の共通性，C．作用・機能の共通性，D．当該発明を示唆する内容などがあれば，発明の起因ないし契機（動機づけ）となり，この点から論理づけられる場合は，進歩性は否定される。このように進歩性を否定する考え方からの理論が中心となっている。

引用発明に示唆，共通性，関連性がある場合引用発明から動機づけされ，それにより論理づけが可能と判断され進歩性は否定される。しかし動機づけが弱いとの判断などから，進歩性が肯定されるケースもあり，進歩性の判断が微妙で，どちらとも断言できないような事例も少なくない。

〈発明の効果と進歩性の関係〉

進歩性の認定基準において，発明の効果は，発明の進歩性を認定する場

合に参酌されることがあるとされている。特に，どのような場合に参酌され，どのような場合に参酌されないのかなど，従前より議論されているところであり，進歩性を考える上で，重要なテーマとなっている。

　特許庁の審査基準は，「請求項に係る発明が引用発明と比較した有利な効果を有していても，当業者が請求項に係る発明に容易に想到できたことが，十分に論理づけられたときは，進歩性は否定される」としている。よって，有利な効果を有していても，発明の構成が従来の技術より容易に思いつくと判断されると進歩性は認められない。さらに効果は発明の構成から期待される効果よりもさらに上回る効果が求められる。

　このことはすなわち，同審査基準において「引用発明と比較した有利な効果が，技術水準から予測される範囲を超えた顕著なものであることにより，進歩性が否定されないこともある。例えば，引用発明特定事項と請求項に係る発明の発明特定事項とが類似していたり，複数の引用発明の組み合わせにより，一見，当業者が容易に想到できたとされる場合であっても，請求項に係る発明が，引用発明と比較した有利な効果であって引用発明が有するものとは異質な効果を有する場合，あるいは同質の効果であるが際だって優れた効果を有し，これらが技術水準から当業者が予測することができたものではない場合には，この事実により進歩性の存在が推認される。」と明らかにされているところである。

　したがって，進歩性判断における通説および実務の考え方は，発明の効果を参酌するとしても，あくまで引用発明と本願発明との構成要件の客観的比較に主眼を置いていることがわかる。

　いづれにしても，上記のとおり進歩性の有無の判断は理論的にもかなり複雑で実務においては判断が一層難しくなるはずである。進歩性の有無については，業種，技術内容，商品あるいは審査官によっても判断が分かれる場合があると言っても過言ではないように思われる。そのことからアントレプレナーは特許出願において，認められる権利の範囲を予め柔軟に考えておく必要がある。

C 共同出願(特許の共有)

複数の企業などにおいて共同で行われた研究成果が契約において共有となっている場合は,共同で出願しなければならない(特許法38条)。費用負担などの問題から出願を反対する企業がいると出願できないこととなるので,そのような場合を想定して,出願を希望する会社が費用を全額負担する場合は,出願を希望する会社が出願することができるように,共同研究の基本契約を作成しておく必要がある。

また共同で出願された特許は複数の会社の共有となる。例えばA社とB社の共有特許の場合,A社がC社を下請けとして生産させる場合は問題がないが,C社に実施許諾をして生産させる場合にはB社の同意が必要となる。

この場合の"下請け"とは,C社はA社の注文(指揮監督下)により生産し,A社が注文した製品の全てを引き取るという契約が存在し,C社は販売に関するリスクがないなどの条件が必要となる。下請けの定義は必ずしも明確ではない面がある。ベンチャー企業が共同研究企業と共同で商品を開発する場合,共同研究企業の同意なしに研究成果を独自に生産するための第三者との提携関係には共同研究企業からの制限が加えられる場合があることを想定しておく必要がある。

D 特許の効力に関し注意すべき点

特許を出願すると特許庁の審査に数年を要する。そして特許要件などに問題がないと査定され特許証の交付を受けても,競合相手などからの審判請求により特許が無効となる場合がある。例えば出願時点の文献に技術内容が記載されていたというような証拠が提示されることにより,新規性喪失の主張が,認められるというような事態である。つまり特許庁が発行する特許証は発明の内容ないし権利を保証する保証書ではないということである。発明の内容や業種により差があろうが,自社の発明に係る技術内容と他社の技術内容が接近している場合などは特に注意を要する。競争企業と特許などの有効性について無効審判や訴訟となるリスクが高い。よって自社特許を実施して大きな投資を行う場

合には，このリスクの存在を意識し，複数の投資の選択肢がある場合などは，リスクを見極める必要がる。その際には「判定制度」を利用することも検討すべきであろう（第6章で詳述）。

　特許侵害が行われた場合には侵害した相手に生産などの中止を特許権者として申し入れることができる。ただし相手側が侵害の事実を認めてくれれば問題ないが，認めない場合には，特許を侵害したことを証明する義務は特許権者にある。物質特許など証明が容易な場合もあろうが，製造方法の特許などの場合は，証明が困難な場合も少なくない。相手の生産現場に踏み込むことなどできないからである。もっとも，特許権者が侵害者の行為である侵害の具体的態様を主張すれば，侵害者は自分の行為の具体的態様を明らかにしなければ否認したことにはならないと言う規定も一応ある（具体的態様の明示義務，積極否認の特則，特許法104条の2）。アントレプラナーとしては特許出願するにあたり，この点を考慮に入れておく必要がある。侵害の証明が極めて困難と判断されたり，特許出願により技術内容を公開し，模造品の対応に追われることを絶対的に避けたいと考えたりする場合はそもそも特許出願しないという判断もあり得ることとなる。その場合には先使用権での権利確保を検討することとなろう（第6章で詳述）。

(2)　**実用新案**

　保護の対象が「物品の形状，構造又は組合わせに係る考案」に限定されている点が特許とは異なる。また出願すると記載内容の形式審査のみで，発明の実体審査されることなく数カ月から半年程度で登録される点も特許と異なる。権利は登録から発生する。有効期間は出願から10年間である。登録が実体審査なしで行われることから権利行使をする場合は相手方に対して，特許庁が審査の上作成する実用新案技術評価書を提示して警告することが求められる。審査において，進歩性については，実用新案法（第3条）では技術の分野における通常の知識を有する者が「**きわめて容易**に考案をすることができたときは」，「実用新案登録を受けることができない」と規定されているのに対し，特許法

(29条)では「**容易**に発明をすることができたときは」,「特許を受けることができない」と規定している。よって法文上,実用新案の進歩性のレベルは,特許のそれと比べ,低いものでも良いと解されている。しかしレベルの差については,判断が難しく,実用新案の考案者は権利が得やすいと安易に考えるべきではない。新規性については,特許と同様の規定となっている(3条1項)。産業上利用することができるものという点も特許と同等である(3条1項柱書)。

出願費用は弁理士事務所や発明の内容によって異なるが,登録までに30万円程度が必要である。出願することに限定すると費用は特許よりも安いと言えるが,権利行使には実用新案技術評価書の発行を特許庁に請求しなければならないという問題点がある。さらに評価書において考案が無効となった場合の権利関係において実用新案は不安定な面がある。また特許に比べると技術内容が低く第三者から評価されると考えられている。それらのことから,日本では**表4-1**のとおりほとんど利用されていない。

表4-1　特許・実用新案出願件数

	2008年	2009年	2010年	2011年	2012年	2013年	2014年	2015年
特許	391,002	348,596	344,598	342,610	342,796	328,436	325,989	318,721
実用新案	9,452	9,507	8,679	7,984	8,112	7,622	7,095	6,860

出所:特許行政年次報告書2016年版。

4　営業秘密

発明は特許出願し査定されることで一定期間発明者の利益が保護される。一方,営業秘密は適切に管理することで,不正競争防止法により保護される。企業活動の成果はすべて営業秘密になり得ることから,営業秘密は知的財産の中で最も広い対象として位置づけられているとも言える。しかし,営業秘密とし

て開発した技術を確保することは特許出願と比べると費用・手間ともかからないが，技術系ベンチャー企業が開発・保有する技術を元に，公的な助成金を得たり，他社と共同研究を行って企業として成長を続け，あるいは権利化した技術を他社に販売したりするようなことには向かないことから，あくまでも補助的な手段と考えるべきである。

〈営業秘密として認められるための要件〉

不正競争防止法（第2条6項）はつぎの三要件を全て満たしているものを営業秘密と定義している。

① 「秘密として管理されている」こと（秘密管理性）。
② 「生産方法，販売方法その他の事業活動に有用な技術上又は営業上の情報」であること（有用性）。
③ 「公然と知られていないもの」であること（非公知性）。

これら三つの要件の中で，秘密管理性が最も重要で裁判でも争点となることが多い。秘密管理性要件が満たされるためには，保有企業が当該情報を秘密であると単に認識しているだけでは不十分で，保有企業の秘密管理意思（情報を秘密として管理しようとする意思）が，具体的に従業員に明示され，従業員が当該秘密管理意思を容易に認識できる必要があると言える。必要な秘密管理措置の程度はつぎのような内容である[34]。

(秘密管理措置の対象者)

秘密管理措置の対象者は，当該情報に合法的に，かつ，現実に接することができる従業員である。職務上，営業秘密たる情報に接することができる者が基本となるが，職務の範囲内か否かが明確ではなくとも当該情報に合法的に接することができる者（例えば，部署間で情報の配達を行う従業員，いわゆる大部屋勤務において無施錠の書庫を閲覧できる場合における他部署の従業員など）も含まれる。従業員に対する秘密管理措置があれば，侵入者等（住居侵入罪に

---

[34] 経済産業省が平成27年1月28日に公表した『営業秘密管理指針（全部改訂）』の「必要な秘密管理措置」を抜粋した。詳細は同指針参照。

あたる行為により情報に接触する者など法2条1項4号及び21条1項1号にいう詐欺等行為又は管理侵害行為等によって営業秘密を取得しようとする者）に対しても秘密管理性は確保されるのであって，営業秘密保有企業の秘密管理意思が従業員に対するものとは別に侵入者等に示される（別の秘密管理措置が行われる）必要はない。
（合理的区分）

秘密管理措置は，対象情報（営業秘密）の一般情報（営業秘密ではない情報）からの合理的区分と当該対象情報について営業秘密であることを明らかにする措置とで構成される。合理的区分とは，企業の秘密管理意思の対象（従業員にとっての認識の対象）を従業員に対して相当程度明確にする観点から，営業秘密が，情報の性質，選択された媒体，機密性の高低，情報量等に応じて，一般情報と合理的に区分されることをいう。
（その他の秘密管理措置）

合理的区分に加えて必要となる秘密管理措置としては，主として，媒体の選択や当該媒体への表示，当該媒体に接触する者の限定，ないし，営業秘密たる情報の種類・類型のリスト化等が想定される。要するに，秘密管理措置の対象者たる従業員において当該情報が秘密であって，一般情報とは取扱いが異なるべきという規範意識が生じる程度の取組であることがポイントとなる。

秘密管理措置の具体的な内容・程度は，当該営業秘密に接する従業員の多寡，業態，従業員の職務，情報の性質，執務室の状況その他の事情によって当然に異なるものであり，例えば，営業秘密に合法的かつ現実的に接しうる従業員が少数である場合において，状況によっては当該従業員間で口頭により「秘密情報であること」の確認をしている等の措置で足りる場合もあり得る。

………

ところで，自社の営業秘密の管理状況を自己診断できる「営業秘密管理チェックシート」を経済産業省知的財産政策室が平成25年8月に公表した。自社の秘密管理性が万一の場合に裁判などで肯定される可能性が高いか否かにつ

いて，数枚のシートに回答することでごく簡便な自己診断できる。ただし，企業が扱う情報により不正確な結果がでる場合があることから，同知的財産政策室は平成28年２月公表の『秘密情報の保護ハンドブック』（同省ホームページに掲載）の利用を薦めている。

〈営業秘密の侵害の種類〉

営業秘密の侵害行為については，不正競争防止法第２条において，つぎの七つの類型を定めている。不正とは言えない行為との違いを理解する上で，確認しておく必要がある。

① 不正取得者の行為（２条１項４号）

一次取得者が，「摂取，詐欺，脅迫その他の不正の手段により営業秘密を取得する行為」（以下，不正取得行為）および不正取得行為により取得した営業秘密を使用・開示する行為。

② 悪意，重過失で取得した者の行為（２条１項５号）

不正取得行為が介在していることについて，悪意，重過失で営業秘密を取得，もしくは取得した営業秘密を使用・開示する行為。

③ 不正取得行為について，後から悪意，重過失となった者の行為（２条１項６号）

不正取得行為が介在していたことを二次取得者以降の者が，悪意，重過失となった後に，以前に取得していた営業秘密を使用・開示する行為。

④ 図利加害目的で使用・開示する行為（２条１項７号）

一次取得者が，「不正の利益を得る目的で，又はその保有者に損害を加える目的で」（図利加害目的）で，営業秘密を使用・開示する行為。

⑤ 悪意，重過失で取得し不正開示する行為（２条１項８号）

一次取得者が図利加害目的でその営業秘密を開示する行為または秘密を守る法律上の義務に違反し営業秘密を開示する行為（不正開示行為）であることもしくは不正開示行為が介在したことを知りながら，または重過失でそのことを知らずにその営業秘密を取得し，または取得した営業秘密を使用・開示する行為。

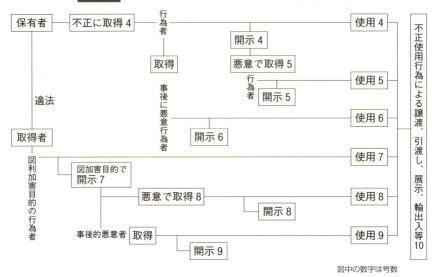

図4-1 不正競争防止法2条1項4～10号の不正競争

出所：土肥一史［2015］20頁3図を参考とした。

⑥ 悪意，重過失となった後に不正開示する行為（2条1項9号）

一次取得者が不正開示行為を行ったこともしくは不正開示行為の介在があったことについて善意無過失であった二次取得者が悪意，重過失となった後で，取得した営業秘密を使用・開示する行為。

⑦ 平成27年改正で追加された行為（2条1項10号）

4～9号に該当する行為により譲渡，引渡し，展示，輸出入し，または電気通信回線を通じて提供する行為（但し不正使用行為により生産されたことについて善意無過失である場合を除く）。

5 職務発明

会社と従業員の間に特別の契約・規則がない場合には，従業員が行った発明は発明者である従業員のものとなる。ただし，従業員が職務中に行った業務に

関わる発明である場合には，会社は発明を実施する権利（通常実施権）を有する（特許法35条）。

会社が従業員の発明を譲り受けるためには，予め職務発明規定などを定めておくことが望まれる。むしろ従業員と会社の間の紛争を防止するために，会社は職務発明規定などを定めておくべきと言える。しかし従来，会社が発明を譲り受けるために，職務発明規定などに定めた"相当の対価"の金額については訴訟リスクが残ると考えられていた。

そこで平成28年の特許法改正により権利帰属の不安定性を解消するために，契約，職務発明規定などの定めにおいて，あらかじめ会社に特許を受ける権利を原始的に帰属させることを定めることができるようになった。職務発明規程などにより特許を受ける権利を使用者等に帰属させた場合，従業者等は相当の利益として金銭やその他の経済上の利益を受ける権利を有し，会社は，「相当の利益」を付与する義務がある。「相当の利益」の内容を決定する際はガイドライン（平成28年4月経済産業大臣が公表）に沿った手続（協議，開示，意見の聴取）が必要となる。

〈ガイドラインの概要〉

会社が規定などを定める手続きが適正か否かは，下記1，2，3の状況で判断される[35]。

1. 相当の利益の内容を決定するための基準の策定に際して使用者等と従業者等との間で行われる協議の状況「協議」とは，基準を策定する場合において，その策定に関して，基準の適用対象となる職務発明をする従業者等又はその代表者と使用者等との間で行われる話合い（書面や電子メール等によるものを含む）全般を意味することを明示。例えば，従業者等が代表者を通じて話合いを行う場合の適正な在り方等について明示。

---

[35] 特許庁が公表した「『特許法35条第6項に基づく発明を奨励するための相当の金銭その他の経済上の利益について定める場合に考慮すべき使用者等と従業者等との間で行われる協議の状況等に関する指針』の制定について」より。

2．策定された当該基準の開示の状況「開示」とは，策定された基準を当該基準が適用される各従業者等に対して提示することを意味することを明示。例えば，イントラネットで基準を開示する場合に個人用電子機器を与えられていない従業者等がいる場合の適正な在り方等について例示。
3．相当の利益の内容の決定について行われる従業者等からの意見の聴取の状況「意見の聴取」とは，職務発明に係る相当の利益について定めた契約，勤務規則その他の定めに基づいて，具体的に特定の職務発明に係る相当の利益の内容を決定する場合に，その決定に関して，当該職務発明をした従業者等から，意見（質問や不服等を含む）を聴くことを意味することを明示。例えば，あらかじめ従業者等から意見を聴取した上で相当の利益の内容を決定する方法の場合の適正な在り方等について明示。

なお，従来の職務発明規程を有する企業にあっては，「帰属」や「相当の利益」についてただちに変更する必要はないが，「帰属」に関してはいずれ「原始会社帰属」に変更し，「相当の利益」に関しては必要に応じて見直すことが望ましい。

〈職務発明規定の例〉

職務発明規定の例を参考までに掲示する[36]。

　（目的）　第1条　この規程は，A株式会社（以下「会社」という）において役員又は従業員（以下「従業者等」という）が行った職務発明の取扱いについて，必要な事項を定めるものとする。

　（定義）　第2条　この規程において「職務発明」とは，その性質上会社の業務範囲に属し，かつ，従業者等がこれをするに至った行為が当該従業者等の会社における現在又は過去の職務範囲に属する発明をいう。

　（届出）　第3条　会社の業務範囲に属する発明を行った従業者等は，速やかに発明届を作成し，所属長を経由して会社に届け出なければならない。

---

[36] 特許庁がホームページで中小企業用に「A株式会社職務発明取扱規程（案）」として掲示している内容。

2 前項の発明が二人以上の者によって共同でなされたものであるときは，前項の発明届を連名で作成するとともに，各発明者が当該発明の完成に寄与した程度（寄与率）を記入するものとする。

（権利帰属）　第4条　職務発明については，その発明が完成した時に，会社が特許を受ける権利を取得する。

（権利の処分）　第5条　会社は，職務発明について特許を受ける権利を取得したときは，当該職務発明について特許出願を行い，若しくは行わず，又はその他処分する方法を決定する。2　出願の有無，取下げ又は放棄，形態及び内容その他一切の職務発明の処分については，会社の判断するところによる。

（協力義務）　第6条　職務発明に関与した従業者等は，会社の行う特許出願その他特許を受けるために必要な措置に協力しなければならない。

（相当の利益）　第7条　会社は，第4条の規定により職務発明について特許を受ける権利を取得したときは，発明者に対し次の各号に掲げる相当の利益を支払うものとする。ただし，発明者が複数あるときは，会社は，各発明者の寄与率に応じて按分した金額を支払う。一　出願時支払金　○円　二　登録時支払金　○円

　　（＊1　第7条第1項はあくまで一例であり，必ず出願時支払金や登録時支払金という形で相当の利益を与えなければいけないということではない。これ以外の相当の利益の付与方法として，例えば，職務発明に係る実施品の売上げやライセンス料収入に応じて，いわゆる実績補償を行うことも可能である。例1：会社は，利益発生時支払金として，職務発明に係る実施品の年間売上高のうち○％を当該職務発明の発明者に支払う。例2：会社は，職務発明に係る実施品の年間利益が○円を超えたときは，当該職務発明の発明者に対し，○円を支払う。＊2　金銭以外の相当の利益として，海外留学の機会の付与，ストックオプションの付与，特別有給休暇の付与等の措置を執ることも可能である。）

2　発明者は，会社から付与された相当の利益の内容に意見があるときは，その相当の利益の内容の通知を受けた日から60日以内に，会社に対して書面により意見の申出を行い，説明を求めることができる。

　　（＊第7条第2項はあくまで一例であり，各社の事情に応じて日数を決めることも可能である。）

（支払手続）　第8条　前条に定める相当の利益は，出願時支払金については出願後速やかに支払うものとし，登録時支払金については登録後速やかに支払うものとする。

（実用新案及び意匠への準用）　第9条　この規程の規定は，従業者等のした考案又は意匠の創作であって，その性質上会社の業務範囲に属し，かつ，従業者等がこれをするに至った行為が当該従業者等の会社における現在又は過去の職務範囲に属するものに準用する。

　　（＊第9条はあくまで一例であり，実用新案及び意匠については，例えば相当の利益の内容を職務発明の場合とは異なるものとする等，職務発明とは異なる規定を設けることも可能である。）

（秘密保持）　第10条　職務発明に関与した従業者等は，職務発明に関して，その内容その他会社の利害に関係する事項について，当該事項が公知となるまでの間，秘密を守らなければならない。　2　前項の規定は，従業者等が会社を退職した後も適用する。

（適用）　第11条　この規程は，○○○○年○月○日以降に完成した発明に適用する。

6　学生の発明

　大学発のベンチャー企業の場合は学生が研究メンバーに入っている場合も多い。学生の発明については特につぎのような点に注意する必要がある[37]。

　教官の指導の下で，学生が研究を行い，教官の指導内容が研究テーマの選択の方法・器具の使い方・論文の書き方など研究一般に関するもので，発明自体

は学生によって行われたというのであれば，特別な契約が存在するわけではないので，それは学生の発明と考えることとなる。特に昨今のコンピュータ・ソフトないしビジネスモデル特許などの新しい領域は教官などの指導とは直接関係なく，特別な設備を必ずしも必要とせず，学生による単独の発明と認定できるようなケースが十分想定できる。具体的には，教官が漠然とした研究領域として問題解明に必要なアイデアなどを学生に教えずに，従来の研究の未解明な部分を学生に示し，学生が研究を始め，その研究過程においてたとえ教官が研究方法についての一般的なアドバイスを行ったとしても，あくまで学生が問題解決の具体的な解明を行ったのであれば，学生の単独発明と言ってよいと思われる。

ただし一般的には，教官による指導の過程で行われる議論ないし研究活動等の中から教官と学生が共同して発明が行われるはずで，このような場合はその貢献度を考慮し，だれの発明であるのかを検討し，場合によっては共同発明等と扱われるべきものが多いと考えられる。むしろ多くの場合は，（一般的なアドバイスの領域を超える）教官の指導下で学生の発明がなされる訳で，発明から生ずる権利がだれに属するのかという難しい議論が生まれるのである。学生と教官との権利関係についておのおのが独立した個人として行動することが確立しているような環境が整っていれば，難しい問題は生じにくいのであろう。ところが，わが国においては権利に関する議論は，大学の教授と学生のように上下関係がある個人の間では，往々にして下位の学生の権利が軽視される傾向にあるので，この点は注意を要する。

〈グループ研究に学生が参加する場合〉

つぎにグループ研究における学生の権利について，考えられる状況を上げ，検討してみよう。まず，グループ研究において学生が研究メンバーに加わり，そのグループにより発明が行われた場合は，基本的には研究グループの発明と

---

37 学生の発明の項目は，関水信和［2003］に掲載した論文を抜粋して一部を書き換えた。詳細は同論文を参照。

なろう。あるいは教官が出したアイデアに基づいて，学生が研究を展開し，その結果として特許になるような発明が行われた場合，学生の貢献度にもよろうが，実態としては指導教官等の研究・教育活動の中に組み込まれていると考えるのが自然な場合が多いように思われる。つまり指導教官から見ると研究者の一員として十分評価でき，研究論文の共著者の一人として加わっていても，そもそも発明者ではないということもあるように思われる。特に国際的レベルの高度な研究が行われているような研究室などの場合は，学生の研究成果を一学生の発明と認定できるのは，稀なケースなはずである。

　学生の発明で注意すべきは，発明が所属する研究室の先輩研究者の研究成果である資料・材料を利用あるいは成果である理論に立脚している場合には，それが学生の発明であるというには大きな問題があるという点である。権利を主張することにより，利用した先輩研究者の権利を侵害する恐れも出てくるのである。先輩研究者との共同発明とすべき場合もあるはずである。あるいは学生が特許出願することにより，先輩研究者ないし他のメンバーが行おうとする特許出願の新規性が失われるような場合もあろう。

　ところで，通常研究グループにおける研究はリーダーの下で行われてきた研究成果に基づいて実施される。したがって，そこにおける発明はそのリーダーの貢献があるという見方が自然であろう。だからと言って，たとえそのリーダーが発明とは認めないものについてまで，そのリーダーの権利が及ぶのであろうか。大いに疑問である。一方，当初はそのリーダーが反対していたが，研究を推進する過程で，そのリーダーもその発明に賛同するという場合もあろう。このような場合は当事者による話し合いによることとなるであろう。

　最も議論の対象となり得るのは，特許となり得る発明そのもののアイデアを教官が気付かなかったり，アイデアに対して異なる意見を持っていたりというような場合であろう。このような場合は，学生が単独で特許を出願し，教官はその特許に関する権利を有しないという主張もあり得るであろう。

　このように学生の研究成果には，明確に学生の発明であると言えるものから，研究グループによる共同発明と考えるべきもの，あるいは学生の発明とは認定

しにくいものなどいくつかのケースがあると思われる。そしてその判断は当事者間の話し合いによらざるを得ない場合もある。

〈特別な研究費による研究に学生が参加する場合〉

つぎに，特別な研究費による発明の場合を検討しよう。この研究費による発明は教授等の場合は一般的な教室などの運営費による発明と区別して特許の帰属関係が決まる。

研究内容が特定され，且つ特別の研究費によるような大学の教授等の研究活動がある。これは当初から教官の職務として発明が予定されていることから，職務発明として扱うべきと考えられる。特別な研究費による発明に関しては，学生においても区別して検討すべきであろう。もっとも学生の場合には，大学の発明規則に拘束されるのかという問題が生じる。しかし大学の職員を対象とした規則によって学生を拘束するのは無理なように思われる。よって，学生が発明を行った場合，研究費の提供者との契約内容如何によることになろうが，特段の取決め（含む雇用契約）などがないのであれば，学生の自由発明になると言えるのではなかろうか。もっとも，この特別な研究費を学生が単独で利用するケースはまれで，多くの場合，教授等の研究チームの一員として利用することとなるようである。そのような場合は，学生の発明に対する貢献度合いにもよろうが，基本的には研究チームが取得する権利関係の一部として（既述のグループ研究のメンバーの枠組みの中で）扱われることとなろう。

《本章のまとめ》

本章では，特にアントレプレナーが理解しておくべき知的財産に関する重要な事項について解説した。それは，「知的財産権の意義」，「特許などの出願をするタイミングとその可否」，そして，特許，実用新案，営業秘密の概要，さらに発明の中でも特殊な扱いとなる「職務発明」と「学生の発明」に関してであった。

【参考文献】

経済産業省［2015］,「営業秘密管理指針（全部改訂）」,経済産業省ホームページ
経済産業省［2013］,「営業秘密管理チェックシート」,経済産業省ホームページ
関水信和［2003］,「学生の発明と特許権に関する一考察」,(『パテント』),日本弁理士会,Vol.56 No.10, 1-8頁
関水信和［2013］,「特許における進歩性判断のあり方」,(『千葉商科大学論叢』),千葉商科大学国府台学会,第50巻 第2号, 237-255頁
特許制度小委員会［2015］,「A株式会社職務発明取扱規定（案）」,特許庁ホームページ。
土井一肥［2015］,『知的財産法入門』,中央経済社

第5章
先行文献に見るベンチャー・中小企業の知的財産戦略[38]
——欧米文献の分析を中心に——

　ベンチャー企業などの独自の技術力は産業活力の源泉であり，その技術を権利化した知的財産は貴重な資産である。よってベンチャー・中小企業の知的財産の扱われ方，知的財産戦略は研究課題としても大変重要な領域であると考えられる。
　ところが大企業ないし企業一般のための知的財産戦略に関しては，従来かなりの議論がなされていると思われるが，ベンチャーないし中小企業に限定し各業種に亘った知的財産戦略に関しては，必ずしもまだ十分な議論・検討がなされていないように感じられる。あるいはベンチャー企業をテーマとしたもの，ないし知的財産をテーマとした議論・文献は多く見られるが，ベンチャー企業全般の知的財産に関する文献はまだ十分な蓄積がない。ベンチャー企業あるいは知的財産に関連する文献の中において，部分的に触れられているか，個別企業の事例研究などに限定されている。ただし，大企業とこれらの企業とは，資金などのリソースの多寡あるいは潜在的な成長力などにおいて，大きな差異があり，大企業の戦略とは自ら異なったものがあるはずである[39]。高度な技術を

38　本章は，関水信和［2007］に掲載した論文の内容の一部を書き換えたもの。
39　Blackburn, R. A.［2003］, p.50. は，「中小企業にとっての適切な知的財産戦略は大企業にとっての最高のものと，全く異なる」としている。

持つベンチャー企業などは既に成長した大企業と敵対しつつ成長することも多いはずである。そのことからベンチャー企業などが，成長するための技術を大企業などに不当に奪われないように知的財産として確保しつつ活用する方法・戦略が必要である。それは大企業ないし企業一般のための戦略を一部手直ししたり，修正したりするのではなく，大企業などとの競争に負けないためにベンチャー・中小企業のためのベンチャー・中小業にも実行可能なものでなければならないと考えられる。

そこで，ベンチャー企業が日本よりも盛んに活動しており，議論も比較的古くからなされている米国ないしヨーロッパ諸国における議論を中心に検証を行い，ベンチャー・中小企業の知的財産戦略を考察した。具体的には，米国ないしヨーロッパにおける議論を検証するために，知的財産ないし特許（intellectual property, patent）とベンチャーないし中小企業ないし小さな会社（venture firm, start-up, small and medium enterprise, small firm, small company）の両方のキーワードを同時に含む英文の文献・論文（含む該当論文の著者が書いた関連の論文）などを検索し[40]，本書の趣旨に該当していると思われる主要文献の分析を試みた。それらの文献などは米国，英国，スイスなどで書かれており，米国ないしヨーロッパにおける議論を網羅しているものと思える。

なお，欧米における議論は，日本とは異なった企業環境，法体系におけるもので，また対象となる企業も参考文献により，ベンチャー企業ないし小企業に限定したもの，あるいは，中小企業としたものがあり，日本のベンチャー・中小企業の議論と異なる背景なども存在することが，考えられる。しかしながら，大企業との比較においては，これら企業は法体系の違い，ないし企業サイズの違いに関わらず，成長するために共通の問題点が存在すると考えられる。

本章では，日本のベンチャー企業の知的財産戦略を考える上で，十分参考とすべき欧米での議論の内容が検討される。

---

[40] ProQuest（外国雑誌が検索できるデータベース）および検索エンジンとしてYahoo, Googleなどを利用した。

1 ベンチャー・中小企業の知的財産管理

(1) ベンチャー・中小企業の特徴

　ベンチャー・中小企業の知的財産戦略を検討するにあたっては，まず研究の対象となる企業の内容を確認することとする。研究対象となる企業は，"中小"の形容詞が含まれることから，単に会社の規模が小さいということだけで全ての中小企業が含まれるのではなく，あくまでも独自の技術に基づいた成長性に富んだ企業が想定される。Ｊ．シュンペーターは，資本主義社会の長期的発展は企業家活動に大きく依存するという仮説を提唱した。そして資本主義経済にとって，企業家活動をリードする企業家精神が重要とした。この企業家精神に基づく活動を行うベンチャー・中小企業を本章では扱うこととする。具体的には，下記二つの調査結果を見てCarter, E. A. and R. Millienが，ハイテクないし独自技術を基盤とした企業と指摘したような特徴を持っている企業ということとなる[41]。本章で扱うベンチャー・中小企業の特徴を表していると思われる。

　まず，1999年に米国ワシントン大学で行われた調査では，六つのハイテク部門に属する小さな会社（従業員500人未満の独立企業）198社について，特徴として以下3点を上げている。

① 回答した90％の企業が設立後1年以内に初めての売上げを計上している。3分の2の企業が2年目までに利益を獲得している。

② 50％以上の会社が，競争相手と比較して値段が同等ないし高いと考えており，60％以上の会社が製品コストに優位性がないとしている。その代わりに，彼らの競争力は競争相手に比べても，より良い品質とサービスと柔軟性がある点としている。

③ 特許など制度化されている知的財産権は，営業上の秘密や市場への一番

41　Carter, E. A. and R. Millien［2006］, pp.26-28.

乗りほど重要視されていない。特許の費用は，しばしば利用しないことの原因とされ，特許権行使の問題は特許の重要性を否定している。

さらに2003年に，米国小企業庁（SBA）が調査した4年間で15以上の特許を持つ1,071社の米国企業を研究した結果，明らかとなった小さな会社に関する特徴として次の四つの点があるとしている。

① 小さな会社は平均的に，大きな会社よりも引用される特許を創出している。小さな会社の革新業務は基盤ないし他の発明への飛躍として使われており，価値がある。

② 最も引用される特許上位1％中，小さな会社の特許は大きな会社の2倍にも達する。

　引用される特許のトップ1％は大きな市場に容易に移転でき，高い評価となっている。

③ 小さな会社における従業員1名当たりの特許件数は大きな会社のそれの13-14倍となっている。

④ 小さな会社の革新は，科学的な調査から見て，大きな会社の革新の平均で倍程度である。

(2) ベンチャー・中小企業にとっての知的財産の意義

知的財産権戦略に関する議論を行う前に，まず知的財産の意義を確認する。米国におけるWashington COREの調査によると，以下の4点が上げられている[42]。

① 競争相手からコア技術を保護する。包括的な特許ポートフォリオは，ベンチャー企業の進んだ独自技術を競争相手が真似できないように確保する。

② 投資を誘う。有効な特許ポートフォリオは，効果的な事業戦略を実行するために利用される価値ある資産として潜在的な投資家には見られている。

③ 競争相手が発明周辺の発明を行うことを妨げる。包括的に特許を積み上

42　Washington CORE [2003], p.1.

げることにより，ベンチャー企業は独自のコア技術を保護するのみならず，競争相手が同様の技術開発を進める選択を除いてくれる。
④ 会社の交渉の立場を改善する道具を作る。もし会社が潜在的な提携，販売，クロスライセンス契約を交渉中であれば，強力で戦略的な組織化された特許ポートフォリオは，もっと大きな会社と交渉するにあたり，ベンチャー企業に大変良い影響を与えることができる。

またBurrone, E.は，知的財産を保有することにより以下の効果が生まれると指摘している[43]。

① 企業が革新に投資するかどうかを決定する重要な要素は，革新的な商品や方法をとおして，投資や研究努力の成果を収益として取り戻せるかどうかである。知的財産権は，知識によって権利を生み出し，知識の（社会的な）適正評価の問題を解決する仕組みを作り上げている。知的財産権は，発明，デザイン，商標，芸術，植物の商業的な開発をするにあたり，創作者に排他的な権利を国が与えるものである。革新の開発のための排他的な認定が公平に行えるのであれば，知的財産権の制度は，商業化の過程において第三者にただ乗りされるリスクを減じることができ，科学，技術と組織的な研究活動の投資にインセンティブを与えると言える。

② 財産権の創造は，研究開発による知識の発案の帰属を決定する。そして，帰属を契約で決めたり，現金を対価として，譲渡したり利用させたりできる。権利の所有者が安全に確保できるということは，資金調達の面からも所有者を支援する。

Washington COREとBurroneが共通して指摘している上記の投資への誘引とライセンス契約などによる資金調達の役目は，特にベンチャー企業において重要なものである。競争相手に自社技術の真似をさせないなど知的財産の本来の目的に加え，自社への投資価値を高めたり，資産として交渉の道具としたりすることなど，日本でも最近は知的財産取得の重要な目的となっている。さら

---

43 Burrone, E., Director, WIPO［2004］, p.2.

に知的財産の意義として，成長率などを高めるという研究報告もある[44]。

またBurrone, E.は，特許以外の知的財産権にベンチャー・中小企業により適したものがあると以下のように指摘している[45]。

つまり，知的財産制度を議論する場合に特許制度に焦点が合い勝ちである。しかし，革新の特性，会社の業種，その国の法制度，会社の戦略などにより，いろいろな知的財産権によって保護されるという広い感覚を忘れないようにしたい。主な知的財産権としては，(1)特許と実用新案　(2)商標　(3)意匠　(4)営業秘密　(5)電子回路デザインの保護　(6)著作権　(7)新しい植物　(8)地形情報　(9)データベースの権利である。また多くの国において，不正競争防止法が新しい技術を守る役割を持つが，他の制度と比べると強力ながら権利が狭いという特徴があるとしている。知的財産の内容，会社の状態などに応じて，適格な権利を取得する必要がる。特に，中小企業に最も相応しい権利の保護策と考えられる実用新案（utility models）と意匠（industrial designs）は，もっと積極的に利用されるべきとアドバイスしている。

Burrone, E. が指摘するように，実用新案などは権利化に要する時間ないし費用が特許と比較すると，速くて安いと概して言える。しかしながら，資産としては不完全なことから，特にベンチャー企業にとって重要な資金調達に利用するには適さない。どのような技術ないし企業が，実用新案の利用に適しているのかという分析は，まだなされていないが，リソースの乏しいベンチャー企業にとっては大変意味があろう。

(3) 知的財産育成のための企業文化の構築

ベンチャー・中小企業が，本書で取り扱う知的財産戦略を実施するためには，まず社内体制を整えておく必要がある。この点について，Carter, E. A. and R. Millienは，各企業の全てのステークホルダーが知的財産文化を共同して築く

44　明石［2002］，55頁。
45　Burrone, E., Director, WIPO［2004］, p.3.

必要があると指摘している。そして，以下の15の具体策を実施することが必要だとしている[46]。

① 知的財産の侵害を許さないこと

小さな会社が開発したハードないしソフトウエアは特許権を利用して完全に保護することである。

一般的に，米国では発明を公表してから出願までに1年の猶予期間が与えられている。この猶予期間のおかげで出願する前に公表して，他人に取られることがあり得る。よって，第三者への開示はよく管理する必要がある。

② 開示しない約束を社内外の人とすること

資金調達，パートナーなどのためにプレゼンテーションを行う必要がある。小さな会社であれば全員が承知していようが，第三者に対しての固有のリスクが存在する。本件に関してのアドバイスは単純で，秘密保持契約なしでプレゼンテーションなどを行わないことである。（知的財産の処理，出願を行う前は特に言えることである）。

秘密保持契約を締結することにより関係者に心理的な影響を与えることができる。秘密保持契約に署名することにより，知的財産の重要性を全員にインプットできると解釈すべきである。このような作業が会社の文化の一部となる。

③ 秘密保持契約の拒否者への対応

秘密保持契約を拒否する人は常にいる。会社として，対応を考えておく必要がある。署名を拒否するベンチャーキャピタルに関して，全ての会議の内容を書類に残しておくべきである。ベンチャーキャピタルはともかく，他の署名拒否の第三者とコンタクトすることもあろう。情報を開示すれば，リスクがある。リスクと潜在的なリターンを比較して検討するしかない。署名なしで開示する

---

46 Carter, E. A. and R. Millien ［2006］, pp.65-81.

のであれば，会議の内容・出席者など全て記録し，電話の内容まで記録すべきである。

④ 常に独立した契約者として契約書を作成すること

エンジニア，プログラマーなど外部の人間を使うのであれば，常に事前に契約を締結すべきである。契約内容に業務内容に加え，知的財産の帰属を含めて契約を締結する必要がある。独立した契約者として発注者に完成品と知的財産が帰属する旨の契約を発注相手と締結すべきである。

⑤ 従業員が知的財産権を（会社に）付与する旨の契約条項の必要性

人材の活用は間違いなく重要である。この条項により従業員の創作物の知的財産は会社に帰属する。よいアイデアはシャワーの時ないしランニングマシーン利用中に浮かぶ。従業員からの付与契約をしないことは小さな会社を不利な立場に置くであろう。米国の著作権法においては，従業員の創作は会社に全て帰属するが，特許法は異なっている。一般論でいうと，従業員の発明は，実行の一部を減らせることはあっても従業員に帰属する[47]。会社は従業員の発明の非独占実施権しか得ることができない。問題ないように見えるかもしれないが，独占実施権を得られないということは大きな問題である。

従業員の発明に関する付与契約の締結は会社の選択による。我々のアドバイスは選択（締結）することである。ただし，不明確な広すぎる取り決めは実行できなくなる。州によっては会社の権利主張を制限している。

⑥ 人材を尊重せよ（退職時の面接の徹底）

知的財産の文化を構築する間に，人材が会社の知的財産を創造しており，鍵

---

[47] 日本では原則として職務発明として会社に帰属するが，成果の一部（相当の対価）を発明者の従業員に与えることとなっている（特許法35条）。この対価について，会社は従業員とのトラブルを避けるために職務発明規定を整備することが望まれているが，大企業の99％は整備済みながら，中小企業は一部（20％）しか整備していない（特許庁［2015］，2頁）。

となっていることを忘れてはいけない。社員のモティベーションと感性を改善するものを大事にすべきである。成功する会社は転職が少ないという単純な傾向がある。無理なことをしても，従業員が満足して仕事をしていることを意味する。

　転職を減らして組織を構築する第一歩は，適材適所である。多少の転職は，止むを得ないが，成功する知的財産の文化は全ての努力をはらって，転職を最小限に抑えることである。そして，知的財産の会社への譲渡の再確認と会社の知的財産を重視して秘密保持の契約が引き続き有効であることを確認すべきである。

　⑦　計画の立案者を任命せよ
　知的財産を持っていることは決め手となる。しかし，いかに育て保護するかを理解していれば，知的財産を完全に活用できる。
　まず，に知的財産の担当者を置くべきである。10－20％のライセンス料が入金漏れとなっている経験を有する会社もある。多くの会社が既に，CEO，CFOのように知的財産担当（CIPO）という役職を設置している。
　そして，知的財産の保護の全ての形式は連携をよくして検討されるべきである。ある特許は，目的と利用状況により，存在する著作権・商標・業務上の秘密などの類似のものを総合的なレベルにおいて評価・判断されるべきである。このことは会社の土台となっている知的財産については，特にそうである。例えば，特許は分解して模倣すること（reverse engineering）が簡単なあなたの会社の製品の一部を保護するかもしれない。著作権はコンピュータの記号体（API）や業務上の秘密などの分解模倣が難しい部分を保護するかもしれない。これらの商品郡は複数の商標により保護されるブランド戦略の下で販売される。知的財産戦略はこれらの要素をまとめて会社のための保護の網を作り上げる。このことは計画なしには実施できない。

⑧　より大きな会社との連携（Partnership）は効果的であると確信せよ

　小さな会社は大きな会社と比較して，相対的により多くの利用できる特許を創作できると米国小企業庁の研究結果は示している[48]。大きな会社と取引（deal with）する時には，小さな会社はより機転がきき，より革新的であると常に意識をすべきである。このことが小さな会社が大きな会社と連携するためのよい機会となるのである。

ａ．連携の機会は腐りやすい

　連携を組む機会は腐りやすい。小さな会社が知的財産を持っているとして，大きな会社と連携するかどうかを決めるのに時間をかけることはできない。時間をかけると大きな会社は市場に出るために他の方法を見つけるかもしれない。待っている間にその会社の競争相手と連携するかもしれない。大きな会社は思いどおりに連携できない場合には，単独で独自技術を開発することを決めるかもしれない。

ｂ．平等が重要である

　連携する会社との規模の違いに関係なく，連携相手とは平等と考えるべきである。相手が巨大企業であっても，単に勧誘するだけでは不十分である。

　もっと大事なことは，連携に関する契約を起案する場合において平等という感覚を保持すべきである。可能であれば弁護士に作成させるべきである。費用がかかり出来ない場合もある。連携相手がそれを嫌い，自分で用意したがるかもしれない。「これが連携の標準契約書である」と大きな会社は主張することを知っておくべきである。

ｃ．与えるものと得るものを書き出しておけ

　長い目でみて成功するには，各連携は価値を生むと自信を持つべきである。もし小さな会社が，与えて得るということが連携する主目的であれば，それを行うべきである。全て与えて得たものを書き出し，計画どおりにならなかった場合はその結果を明確にすべきである。

48　Carter, E. A. and R. Millien［2006］, p.27.

d．自分で効果を測定すべき

　知的財産に関連した連携においては，測定可能性を主張すべきである。これは，目標に到達できない場合も，簡単すぎることとなるのを避けることを意味する。

　⑨　小さな会社が利用している道具を理解せよ

　技術を発展させる過程において，どんな知的財産を所有していていかに発展させるかを考える時に選ぶ道具は重要な役割を演じる。レンガと砂で，小さな会社は美しい城を建築できるが，雨が全く異なった結果を招くのである。

　多くの異なった発達した道具がある。

　⑩　販売する製品よりも知的財産を考えよ

　知的財産で保護されている装置のドライバーと広く無料で提供されているソフトウエアは売れる製品を作り出す。

　⑪　積極的に知的財産を保護せよ

　知的財産の保護に受身的な対応は危険を伴う。もし知的財産を保護するために，明確なことを示さないと，小さな会社の成功のために必要な保護は失敗する。例えば，明確でない方針とは，著作権や業務上の秘密に過度に頼り，積極的な策である特許を利用しないことである。簡単にこの二つの限界を見ておこう。

a．著作権

　著作権は知的財産保護の方法として優れている。ソフトウエアは直ぐに著作権が発生することを多くの人は知っている。しかし自動保護はソフトのための特許を登録するわけではない。ソフト特許は著作権の保護よりも広い範囲を提供している。ソフト特許はより強く包囲し，発展させた次の段階のレベルも保護するように拡大している。創作の意味からして，ソフトウエアの著作権よりも特許はより本質的に知的財産を保護するものである。特許は費用と時間を要

するが，長期間にわたり小さな会社の価値を増大させることを慎重に考えるべきである。

b．営業秘密

もう一つの多くの小さな会社が受身的な方法として利用しているのが，過度に頼られている営業秘密である。費用と時間のかかる特許戦略よりも，有効的であるとして，代替として選ぶ人がいる。著作権のように簡単であり，知的財産を保護する方法として正しい選択であると信じているようである。出願手続きがなく保護は自動的になされ，費用は最低限である（唯一のコストは革新の秘密を管理することのみである）。しかし，いくつかの理由で，小さな会社が営業秘密のみに頼るのは貧弱な（poor）選択である。

第一に，権利行使しようとする時に，小さな会社の立場は難しくなる。なぜならば，営業秘密を悪用・流用した者が，所有者に真に秘密であったと証明することを要求できるからである。

第二に，営業秘密は，連携したりライセンスしたりすることにより，小さな会社は必要な保管ができなくなる。技術を他人に開示して，連携相手と共同で成長戦略を取る場合には，営業秘密はうまく適合しなくなる。営業秘密の場合は，全てを秘密裏に管理する必要がある。特許手続は費用が高い。小さな会社の予算は無限ではない。よって，分解模倣が容易でない場合などで特許化する必要がない場合の知的財産の保護のバックアップとしてであれば利用できる。

⑫　知的財産の調査業務誌を維持せよ

知的財産関連の材料が全て入っている容器としての，知的財産調査業務誌（IP due diligence book）を維持することは，重要である。そこには，非公開のカタログ，雇用，連携，契約などが含まれる。

知的財産の調査業務誌は多くの重要な役割を持つ。我々の経験で最も重要なものは，潜在的な連携相手に企業価値を説明することである。資金調達やM＆Aにも利用される。さらに，下記二つの機能がある。

第一に，知財担当役員（CIPO）の代役となる。もしCIPOを設置する余裕が

あれば，この知的財産の調査業務誌を作成することが，主要な仕事となる。

　第二に，知的財産の調査業務誌は定期的な知的財産の監査に利用できる。知的財産の調査業務誌のデータにより大きな会社に買収される場合もあると想像してほしい。

⑬　知的財産の保護のために過剰な登録は避けよ

　著作権，商標，その他の知的財産の保護をどんどんやっても，会社の価値がそれに応じて増加することはない。知的財産権は会社の方針による研究領域ごとの適格な方法が望ましいのである。登録しすぎても，維持ができなくなる。

　さらに外国への出願は，外国事務所・翻訳料などいろいろな費用が発生して，高額なものとなる。もし革新が，ガンやエイズに関するものであれば世界中への登録も意味がある。

⑭　予算を立てよ

　管理している知的財産などの無形資産の大部分は組織の中において創造物の周りに誕生する。小さな会社にとってどれくらい管理費用がかかるのか。見通しを立てないと予算はオーバーする。「すべての権利を出願するために弁理士を雇えない」などと言うこととなる。もし予算が小さいのであれば，つぎの2点が重要となる。

　第一に，どの権利を守るために出費するかを決めることである。知的財産が含まれた商品は，やや高く価格設定がされる。

　第二に，どのような知的財産は保護の手続をするのか，定義（criteria）を決めておく必要がる。利益ないし価値創造に基づいて決定すべきである。

　一度定義を決定したならば，どれを保護すべきか迅速に決定できる。また知的財産の管理には，収入の減少などに応じて対応するような長期的なものが必要となる。使わない特許は費用だけが発生する。

⑮ 弁理士を確保せよ

我々は費用をかけて経験豊かな弁理士（intellectual property attorney）を確保することをアドバイスする。法律家は医者と同じで差がある。その差は大変良いから大変悪いまで広がっている。過去のトラブルやバックグランドなどを調査することが大事である。配偶者の選択と同様で結婚まえに良く質問をすることである。属している法律事務所の格などで惑わされてはいけない。企業の状況は，市場，技術，人材など全て異なる。各企業は，それぞれ異なる。しかし，良い法律のコンサルタントを持って，初めてトラブルを避け，革新に集中できるようになるのである。

上記のCarter, E. A. and R. Millienが示した具体策の中で，ベンチャー・中小企業がまず実施すべきで，特に重要なポイントは何と言っても良い弁理士の確保であろう。弁理士の役割についてWashington COREは以下のように述べている[49]。

社外の顧問弁理士の役割は，特許出願の手続ないし特許性の調査だけではなく，関連の業界での経験を有し，業界の特許情勢の情報を把握し，顧問先の企業の特許戦略に貢献することを求められる。そのためには，どの技術を保護すべきか，という判断が行えて，費用の観点より効果的な方法を選択できる必要がある。そのためには以下の能力が必要となる。

A．ベンチャー企業の技術の潜在価値を理解すること
B．ベンチャー企業が検討している特許の海外市場を測定すること
C．ベンチャー企業の技術を保護する最も良い特許明細書を作成すること
D．ベンチャー企業の技術の特許性を失わせる先行技術を調査すること

上記のようにCarter, E. A. and R. Millienは，15の具体策を実施することで，企業に知的財産文化を根付かせることが重要であると主張している。大企業などにおいては，当然のように実施されている項目がほとんどである。もっとも日本の大企業においても知的財産の責任者が経営方針に直接関与することは稀

---

49 Washington CORE [2003], pp.14-15.

であろう。しかしながらベンチャー企業などにおいては、知的財産こそが会社の資産であり、担当役員を決めておくべきであろう。

しかし、ハイテク技術の特許を核として設立された大学発のベンチャー企業などにおいては、Carterらの言う具体策の実施は意外と難しく実行されていない内容も多いはずである。大学発のベンチャー企業の研究者は論文発表を主眼に置いていた人も多く、Carterらの指摘通り、知的財産文化の構築は重要な課題である。そもそも日本の企業は情報管理すらなされていないところが大多数であろう[50]。

ベンチャー企業を経営する場合に、Carterが主張するような体制を構築するのは、実際的には難しい場合が想定される。具体的にはベンチャー企業の保有する技術・発明は未完成の状態のものも多く、秘密保持の管理を徹底すると提携相手を探しにくくなり、成長の機会を失う場合もあろう。技術の一部を開示したり、リスクの限定的な提携候補に技術を秘密保持契約の締結前に開示するようなことも発生するはずである。ただし、アイデアの段階で大企業と打ち合わせを行っているうちにアイデアを大企業に取られる可能性があることを十分注意すべきである。大企業とベンチャー企業が持っている技術の位置関係によってもベンチャー企業のリスクは異なる。大企業がより川上の技術を持っている場合よりも、大企業が川下の技術を持っていて、ベンチャー企業が川上の技術を持っている場合にリスクはより大きくなる。秘密保持契約の締結を前提には、面談に応じない大手企業も存在する。秘密情報の漏洩リスクとビジネス機会獲得の増大の二者択一の問題である。さらには、技術内容が製造方法に属するものなのか、物質特許に属するものなのか、ノウハウなど隠されている部分もあり模倣が難しいのかなど状況は様々なはずである。

---

50 荒井［2002］、125頁は、「日本企業は、技術情報の管理が十分でなく、貴重な社内情報の多くが社外に流出しているといわれている。社内の管理体制を整備するとともに、研究開発部門に、研究実験ノートの記述を義務づけることが重要」としている。

2　ベンチャー・中小企業の知的財産戦略の構築

(1)　創業から知的財産戦略の立案まで

　Carter, E. A. and R. Millien は，知的財産文化を社内に構築し，各ステージにおける次のような対応が必要としている[51]。

ステージ１：創造，知的財産段階の前

　会社が若い成長段階では知的財産の利用余地がないというわけではない。入る空間を見つければ，市場があり，知的財産が支援してくれるとの調査結果がある。米国ないし欧州の特許庁のホームページの情報により，競争相手との位置関係を明確にすることができ，会社にとって市場（pasture）が十分あるのかが判断できる。これは知的財産のプロが使う代表的な調査手法である。競争相手を注視することである。ここで，知的財産の前段階は終了して，知的財産権の構築が始まるのである。

ステージ２：新しいものの誕生

　自社の知的財産を検討して，業務方針に適合した保護制度を選択する必要がある。

① 　少なくとも最近の15年において，方法の特許が一般化されている。ビジネスモデル特許と呼ばれるものも最近では認められるようになり，価値のある道具となっている。ビジネスモデルに関するアメリカの裁判所の判断は，便利で具体的で有形の結果を作り出すものは，特許性があるというものである。

② 　営業秘密は内部に宣言された権利であると考えることができる。営業秘密とは，競争優位に立てるような価値のある秘密情報のことである。保護

51　Carter, E. A. and R. Millien [2006], pp.43-55.

するためには適正な方法で秘密を守っていればよいのである。適正な方法とは，例えば接する人を限定し，キャビネットなどに保管し，施錠をするなどである。これは各州の法によっており，形式が定められているわけではない。不適切な方法で商売の秘密を取得した人に対して，所有者は損害賠償の訴えを起すことができる。ただし，革新に利用するには問題があり，代金をとって利用させるという戦略もとりにくい。営業秘密の場合は補完する資産が，成功するためには，必要である。

③　著作権は有形な媒体に乗せられた作品の原作者の仕事を保護する。音楽，文学，ソフトウエアを含む文章，オーディオビデオなど世界レベルで自動的な保護が認められている。著作権の保有者が排他的に作品のコピーや派生物を展示，処分する権利を有している。侵害に対して所有者は提訴する権利も有している。

　しかし，特許と著作権の両方を考えた場合，小さな会社にとって戦略的な見地からすれば特許が優れている。第一に，特許は意欲的で厳格な出願手続きを必要とすることから，会社に信用を与える。第二に，法的な関係で特許は侵害者に対してより大きな損害金を認めてくれる。第三に，費用がかかるが，資産として転売したり管理したりが容易であり，資金化にも柔軟である。唯一の著作権の優位点は単純で費用が実質タダということである。

④　商標は商品とサービスの元を確認する方法である。商標は消費者に良い経験を繰り返すこと，あるいは悪い商品の経験を避けることを可能にする。登録すると10年間の期限を有し，継続することもできる。所有者は，許可なく使用した者，紛らわしい表示をした者に損害賠償を請求できる。登録するためには米国特許庁に出願する必要がある。商標は速くて安く登録することができる。多くの会社の関係者はコア技術の独自の発明のみを重要視している。しかし，その見方は限定的過ぎる。知的財産の文化は会社を変え，知的財産を維持しようという意欲が大事である。

ステージ3：業務計画

革新サイクルの上記のステージ2の結果として，またはステージ4の資金調達の前に，どのような知的財産を所有しているか，ないし潜在的に持っているかを考えるべきである。ビジョンに計画性を持たせ事業化するのが最も好ましい。新規性のある独自色のある計画が競争力を発揮する。親族ではなく他人が納得する計画には，少なくとも次のものが必要である。①市場需要の説明の信頼性，②会社の提案が競争相手よりいかに優れ，③製品，技術をいかに模倣者から守るかの点である。

ハイテクないし創業時の会社は知的財産を活用する必要があると理解すべきである。会社が展開しようとしていることを他人がすでにやっていないということを調査することが大事である。他人と重なっていれば大問題で，類似の場合は修正が必要である。

自社の知的財産の状況を把握するためには，持っている知的財産ないし独自技術，利用している技術を表にしてみることが，最初の仕事となる。独自技術を保護しておくことが重要である。このような作業が知的財産文化に影響する。知的財産を保護していることを投資家に明確に説明できると，会社の価値は高まる。

最初は，業務計画を何度も書き直す必要がある。業務は変化し，そのことが計画にも影響するからである。

最初の計画は，知的財産が計画の中心となろう。

ステージ4：資金調達

独自技術で将来有望な企業になることを切望する場合に資金を得ることは，疑いなく難しい。

もし製品化前であれば，シード（ビジネスの種）への資金供給となる。もしシードが成長すれば，知的財産権への疑問は全て明確になる。シードへの資金供給をプロからあなたが得たのであれば，非常に幸運である。通常は，シードのための資本は創立者，その家族友人からのものである。

早い段階（通常は既存ビジネスからのスピンオフ）での通常の資金調達の方法は自力で生きることである。自力で生きるとは，資金を得る手段を別に有しているということである。それ以外の手段は創立者の個人資産である。預金や個人の信用力，そして自宅の第2抵当担保余力も含まれる。

　他の資金源はベンチャーキャピタルである。ベンチャーキャピタルには，次の2種類がある。①会社組織で投資先の株式を購入するもの，②エンジェルと呼ばれ一人ないしグループの良く勉強している個人グループで，投資活動を行っているものである。統計的には毎年60万から80万社が起業されるが，ベンチャーキャピタルを利用するのは1,000社程度である。ベンチャーキャピタル，エンジェルを誘引するまでは，資金調達方法の道筋を考えておく必要がある。創立者の個人資産に当面は頼ることとなる。

　つぎのものがあれば借り入れも良い方法である。①思い入れのある知的財産，②知的財産をいかに発展させるかという展望，③技術である。もちろん，貸し手が知的財産の潜在価値や補足の技術があると信用することが必要である。

　個人資産によるバックがなければ，発展させた知的財産を持っていない限り借り入れは無理である。知的財産権は担保となることがある。あなたが重要視していない技術で，ライセンスアウトして資金を得ている知的財産があれば，借り入れの担保となる。

　知的財産権があれば，ベンチャーキャピタルないしエンジェルからの資金調達をあなたは考えるであろう。ベンチャーキャピタルは投資額の20倍もの資金回収を期待しており，当初の知的財産が発展することが必要とされている。

　資金調達の議論はもっと複雑な面がある。確立した技術の事業であっても，資金を確保することは容易ではない。技術そのものではなく，知的財産のまわりの事業がより議論される。

　実物資産に知的資産が効果的に組み込まれていれば状態は改善する。一方で，速い時期より知的財産を適切な方法で保護していないと，将来，法的な権利を失ってしまうことをベンチャーキャピタルやエンジェルは知っている。

　知的財産にはいろいろな利用方法があるということを認識することは大事な

ことである。なぜならば，知的財産は将来，保有し続けるか，売るか，ライセンスするかに関わらず，保有者が発展させることができるからである。知的財産によって，事業の周りに広がる可能性の世界が存在する。もしあなたが，XとYに利用できる知的財産を保有していて，あなたはXに着目しているとレベルの高い投資家に説明すると，Yに利用する人との関係を投資家は作るであろう。

ステージ5：製品とサービスデザイン

製品とサービスの概念は技術よりも大きくしておくべきである。これを理解することは独自技術で将来有望な企業としての成功に必須である。ヘンリーフォードが車を作るのに二つの条件があった。一つは大量生産であり，もう一つは大衆が買えることであった。結果として生産ラインでの製造となった。コア技術にサービスを連携させることが必要である。箱に入った商品の場合は商標とか著作権も活用できる。

ステージ6：前進するコレクション

製品やサービスを市場に出したのであれば，知的財産の維持は必須である。そのような態度が会社のDNAの一部となり，創業のころより正しい習慣を身に着けることは良いことである。

知的財産の監査（見直し）には四つの目的がある。"知的財産権を生む過程""手続きの見直し""在庫の確認""質と利用状況の確認"である。知的財産に詳しい人は，毎年監査を行うことを勧めている。

上記の四つの目的の作業は日々の非公式な作業で行ってもよい。価値のある知的財産のポートフォリオを構築することが目標である。知的財産の効果的な保護，利用というものは，偶然にできるようになるものではない。

Carterらは，上記のとおり，ベンチャー企業の創業においては，特許庁のホームページの情報で，他社の技術内容を把握すべきとしている。そして小さな会社が自社の技術を保護する戦略としては，特許が一番優れているとしてい

る。また小さな会社は知的財産を活用して他社と異なったビジネスをすることが重要で、活用されている知的財産は担保力も備わるとし、知的財産の在庫確認と利用状況の定期的な見直しも必要と指摘している。ベンチャー企業などにとって、特許庁のデータベースの利用など、いずれも重要な指摘である。

(2) 知的財産戦略のあり方

　Burrone, E. は、知的財産権の意義を踏まえ、企業の知的財産戦略に関して、次のように述べている[52]。

　発明・デザイン・商標・著作・芸術作品を他人が商業的に利用することを防止するための権利の他に、知的財産権は広い事業目的のために利用される。企業の知的財産戦略によって、知的財産の利用は、例えば：新しい市場を獲得（特許ないし営業秘密で保護された製品を他社に製造させる）したり、鍵となる技術を持って技術リーダーとしての名声を高めたり、商標・ブランド戦略を通して企業イメージを構築したり、異なったデザインにより差別化を図ったり、提携先・投資家との交渉力を増強したり、開示されているデータベースを研究して無駄な研究開発を避けたり、戦略的な同盟・ジョイントベンチャーないし補完し合える企業との協働関係を構築したり、商標などによりフランチャイズを創設したり、M＆Aにおける企業価値の増大を図ったり、ライセンスアウトないし知的財産権の売却により付加収入を得たり、新しい資金調達の機会（知的財産の証券化により）ないし銀行・ベンチャーキャピタルなどの金融機関からの要請を支援したりする。中小企業を含めた企業により利用される知的財産の戦略は、その会社の全体的な事業戦略によることとなる。

　つまり、Burroneによれば、ベンチャー・中小企業の場合も、その会社の全体的な事業戦略に応じた知的財産戦略を構築すべきということとなり、各企業が置かれている環境ないし事業戦略は個々に異なることから、知的財産戦略も同様に異なることとなる。知的財産戦略は企業の事業戦略に基づいて作成され

52　Burrone, E., Director,WIPO ［2004］, p.6.

なければならない。よって事業戦略と知的財産戦略の整合性を計るために専門部門が必要となる。ただし、同部門を日本の企業で設置しているところは大企業でも一部である[53]。ベンチャー・中小企業の場合、社内に人材がいなければ、社外にアドバイザーなどを求め適切なアドバイスを受けるなどの適切な対応が必要となろう。

(3) 特定業種の知的財産戦略

事業戦略は各企業の環境、特に属している業界においてかなり異なるはずである。この点について、Washington COREは以下のように述べている[54]。

特許戦略は各企業共通の部分もある程度ある。ベンチャー企業は、例えば、第一に防御的な戦略（競合者からの侵害訴訟を抑制するための特許出願ないしコア技術のみの権利行使）を選択したり、攻撃的な戦略（コアと関連技術双方の保護を積極的に行い、潜在的な侵害を常に捜し求めること）を選択したりすることができる。しかし、特許法は、全ての場合に平等に適用される理論的なものであるにも拘わらず、特許化ないし権利化の方針は、ベンチャー企業の属している業種のタイプによって、異なる。

そして、Washington COREは、特徴的な業種として以下のバイオテクノロジーとエレクトロニクスの業種を上げ、つぎのような特別な戦略が必要としている。

バイオ・ベンチャーのための特許戦略

バイオテクノロジーにおいては、長く続いている一連（1980年のChakrabarty判決以降）の判例法により、特許権の行使力は比較的強くなっている。また、バイオテクノロジーの発明の最終ユーザーは概ね製薬産業であり、特許慣行は

---

[53] 鮫島［2003］、3頁は「日本の企業が知的財産戦略に不十分なのは、知的財産権部門の設置状況を見ると明らかだ。大企業でも知的財産部を設置しているのは29％しかない」中略「中小企業に至っては、90％が知財部門も法務部門も持っていない」としている。
[54] Washington CORE［2003］, pp.10-12.

大製薬企業の慣行によく適合している。その中で以下の項目がベンチャー企業に関係している。

- ライセンスの慣行と特許の評価技術がよく確立されていること。
- 新しい薬の発売までの時間が比較的長いこと（承認が必要なため）。
- よくできている製薬特許を（特許侵害しないように）迂回することが困難なこと。

これは一般的に，薬剤ないし治療技術に着目しているバイオテクノロジーのベンチャー企業が自身の特許ポートフォリオの強さを評価することができることを意味している。企業が成功するかどうかの鍵は，一般的に特許戦略ではなく特許された薬に効果があり安全で十分承認内容に適合しているかどうかである。

しかし，比較的新しい遺伝子治療薬の領域では，特許戦略は急速に枝分かれしている。米国特許商標局によって，一塩基多型の特許化が承認されたことで，遺伝子治療を開発するバイオテクノロジー企業の次の二つの包括的な特許戦略が推進されることとなった。

- 攻撃的な方式において，いくつかのベンチャー企業は発見したすべての遺伝子マーカーについて，病気や治療への応用を期待して，特許を取得している。批評家はこの種の会社を特許工場と呼び，将来の特許の価値が分からないままに，遺伝情報に関する発見の全てに関して，毎年何千もの特許出願を行い多くの費用を払っている。
- 防御的な方式において，いくつかのバイオテクノロジーのベンチャー企業は，特定の治療ないし技術に焦点を当ててポートフォリオの特許の数を限定している。この会社は特定の領域において確固たる強い立場を築き，特許を潜在的なパートナーと交渉する際にレバレッジとして活用する。

電子と半導体のベンチャーのための特許戦略

知的財産はテクノロジー部門にとても重要となった。そして特に半導体産業はそれが明確な市場である。半導体の知的財産市場は1999年には世界規模で

492百万ドルであったものが，2000年には690百万ドルに増加したと推定されている。結果として，ベンチャー企業は知的財産が最も重要な資産であると認識されている。そして，半導体と電子産業のベンチャー企業は特許化を優先度の高い活動とし，戦略的な企業の特許手続を実行しようとしている。

　特許活動の増加が経験されている産業にテレビのディスプレイがある。日本と韓国の液晶メーカーは台湾からの激しい競争に対して武装している。また半導体のメーカーは，製品がますます複雑となったために，さらに特許に頼っている。カリフォルニアのインター社は収入の半分を高度な回路部品や電子システムという独自の製品から得ている。インター社は目下IXYS社に訴訟を起されているという背景もある。

　電子特許に関する重要な傾向として製造業同士で交渉する際の駆け引きの材料として利用されているというものがある。半導体の複雑さが増すために，AMDやIntel社のような会社は，競争企業の特許を侵害せずに新製品を導入することは望みがないという認識を持っている。そこで，ライセンス交渉は製品を開発する手続きの一部となっており，製造業者は自己の特許ポートフォリオをどうすれば交渉するに際して最も有利となるのかを分析している。

　この慣行から生じたものに特許プールの発達がある。そこにおいて企業は彼らの特許をお互いに集めて，訴訟を避けるために，複雑なクロスライセンス契約の交渉を行う。業界においては，特許プールにより製品の開発が可能となる反面，ベンチャー企業にとってはネガティブな効果の存在が憂慮される。例えば，特許プールに入らない特許を持っているベンチャー企業は，契約相手に自己の技術を採用するように説得することが大変困難となる。目下，いくつかの米国当局が特許プールの現象と市場競争への影響を研究しているが，結論は出ていない。

　Washington COREが上記のとおり，指摘しているように，バイオと電子関連産業においては，特別な事情があると言える。バイオ関連の企業が，特許戦略の一つとして，ノックアウトマウスないしスクリーニング系を他社に貸し出して手数料を稼ぐなどは，そのよい例である。一方の電子産業に属するベン

チャー企業は，他社との紛争問題が発生する前に，自己のアイデア・発明を良い条件で売却したりライセンスできる相手を見つけ出したりすなどの戦略が必要ということとなる。有力な企業は相互に保有する特許を共同で利用するための特許プールを作り，ベンチャー企業などが新規に市場に参入することを難しくしている。ベンチャー企業としては，なんとか参入する努力が必要となる[55]。

なお，Washington COREは，攻撃的な戦略として"特許侵害を捜し求める戦略"を上げている。日本では，"周辺特許による囲い込み戦略"が積極策として論じられることが多い。

(4) 非制度的な知的財産の保護

特許など権利化に登録などの手続が必要な知的財産は，知識あるいは資金に余裕のない企業においては，利用しにくい面がある。登録の必要のない代表的な知的財産の保護としては，営業秘密と著作権がある。この二つの策について，Carter, E. A. and R. Millienは以下のように述べている[56]。

営業秘密とは，競争の優位に立てるような価値のある秘密情報のことである。保護するためには適正な方法で秘密を守っていればよいのである。適正な方法とは，例えば接する人を限定し，キャビネットなどに保管し，施錠をするなどである。ただしイノベーションに利用するには問題があり，有料で利用させるという戦略も取りにくい。著作権は有形な媒体に乗せられた作品の原作者の仕事を保護する。特許と著作権の両方を考えた場合，小さな会社にとって戦略的な見地からすれば特許が優れているとしている。

Blackburn, R. A.は，小さな会社による非制度的な知的財産の保護方法などについて，電話による小さな企業のオーナーに対するヒヤリング調査などを行

---

55 鮫島［2003］，143頁は，「特許プールにおいて重要なことは，当該特許プールに採用される特許を1つでもいいから生み出すことである。この場合，特許そのものの強さいかんよりも，特許プールに採用される特許であるか否か」が大事であるとしている。

56 Carter, E. A. and R. Millien [2006], pp.48-49.

57 Blackburn, R. A. [2003], pp.16-29.

い以下のように分析している[57]。

　小さな会社の知的財産管理を理解することが大事であるということが分かっているにも拘わらず，中小企業のオーナーがどのようにしてその権利を守ろうとしているかについては，従来ほとんど知られていない。小さな企業では，費用・複雑さ・時間・秘密保持・権利行使の難しさなどの問題があると議論されている。結果として守られず，イノベーションのための資産として活用されていない。一方で，小さな企業のオーナーは，競争相手に時間的な優位を維持しようとしたり，取引関係の高度な信頼関係を発展させて，法制度によらない手段でイノベーションを守ろうという傾向がある。

　無作為に抽出した中小企業389社（有効回答71.5％）のオーナーに対する電話調査を行ったところ次のような内容が判明した。

　まず小さな会社は，自社のイノベーションを守るために**表５−１**の様ないろ

表５−１　イノベーションのレベル別，非公式な知的財産権保護策の利用（無作為抽出の英国中小企業オーナーによる複数回答，％）

	イノベーションなしの会社	イノベーション中程度の会社	イノベーション高度な会社	全レベルの会社
盗まれないと信じる	77.8	78	81.7	79.1
競争者に対し時間的な優位を保つ	48.1	60.7	70.7	62.5
専門職的なノウハウの構築	25.9	57.7	68.3	57.8
ニッチな市場占有	25.9	53.6	72	56.3
複製防御	75	45.8	62.5	53.2
従業員との情報共有	29.6	51.8	58.5	51.6
特定の従業員に情報は制限	33.3	38.1	48.8	40.8
協会に加入	11.1	23.2	20.7	21.3
その他非公式な方法	7.4	7.7	17.1	10.5
母数	27社	168社	82社	277社

（筆者注）「協会に加入」とは協会に加入することにより，協会の影響力から他社の不当な行為を牽制できることを指すと理解できる。
出所：Blackburn（2003）table2.3を一部修正して作成。

表5-2 イノベーションのレベル別，公的な知的財産権保護策の利用
（無作為抽出の英国中小企業オーナーによる複数回答，%）

	イノベーションなしの会社	イノベーション中程度の会社	イノベーション高度な会社	全レベルの会社
何れか公式な権利	59.3	85.7	97.6	86.6
何れか登録制の権利	25.9	50	67.1	52.7
登録商標	17.4	38.8	57.7	42.5
登録されたデザイン	4.5	22.2	37.2	25.2
特許	17.4	21.5	38.2	26.1
何れか登録されない権利	59.3	82.7	95.1	84.1
秘密事項（顧客，業者）	29.6	63.7	67.1	61.4
秘密事項（従業員）	37.0	55.4	74.4	59.2
著作権	30.4	56.1	66.2	56.8
特許使用契約	39.1	34	53.8	40.4
公開の制限	21.7	34.4	44.7	36.3
登録しないデザイン	13	28.1	33.8	28.5
他の公式な方法	0	1.7	5.9	2.9
母数	27社	168社	82社	277社

出所：Blackburn（2003）table2.4より作成。

いろな策を講じている。そして，登録などせずに競争者に対し時間的な優位を保つとの回答が，62.5％もあった。

また表5-2のとおり，わずか52.7％の企業が登録できる権利（特許・意匠・登録商標）を利用するとしている一方で，84.1％もの企業が登録されない権利を利用していると回答している。そして，法的な権利は重要でないと強調している。知的財産管理が大事であることは分かっていても，費用・手続の複雑さ・時間・秘密保持・権利行使の難しさなどの問題から，結果としてイノベーションのための資産としては十分に活用されていない。

Burrone, E.も同様に，革新的な中小企業が行う知的財産の保護の方法として，"秘密と時間の優位"が最も一般的であり，その背景として特許の費用と

58　Burrone, E., Director, WIPO [2004], pp.8-9.

認可の不確実性を指摘している[58]。

　上記のようにBlackburnの分析によると，営業秘密などの非制度的な保護策を中小企業が安易に利用するのは，費用と人材不足が主な原因で，イノベーションのため必要な特許などの制度的な保護策が利用できていないとしている。多くの場合において正しい指摘であると思われる。しかしながら，中小企業が保有する技術の中には，特許などの制度的な保護策が馴染みにくいノウハウのような技術が多く含まれており，むしろ営業秘密とすることが相応しいケースもあるはずである[59]。特許化によりノウハウを公表することで，競争相手にノウハウを真似されて類似商品を製造された場合，損害賠償請求などにより権利を行使するためには真似されたことを特許権者が証明する必要があり，実際には容易でない。さらに特許などの制度的な権利には保護される期間が限定されているという問題点も存在する。対策として，例えば製造装置などの機械設備を特許化し，その装置に投入する材料の調合条件などを営業秘密とするなど，特許と営業秘密を組み合わせるような戦略によって，両方の短所を補完するようにするべきである。

3　米国における特許訴訟の実体

(1) 企業ないし特許ポートフォリオのサイズと訴訟リスク

　資金的にも人材面においても，余裕のほとんどないベンチャー企業にとって，訴訟に巻き込まれることは，事業推進に大変な脅威となる。この点，Washington COREはつぎのようなことを指摘している。例えば，高価な訴訟費用はベンチャー企業のリソースを枯渇してしまい，結果として有益なイノベーションを

---

[59] 荒井［2002］, 118-119頁は，「知財戦略は，すべて特許保護が最適手段とは限らない。コカコーラの成分などのように，ノウハウやトレード・シークレットを会社内で管理することで，長期の保護・活用を図る方が有利な場合もあり，反対に，製品販売と同時に，模倣品が出る物であれば，より強い権利保護戦略が必要」としている。

排除してしまう。そのことから企業によっては，訴訟を避け調停で解決しようとの動きも出ているとのことである[60]。Burrone, E. によると，米国のみならず欧州においても特許出願をしている49％の会社が特許侵害問題の防衛費を心配している。米国では小さな会社の特許が多く侵害を受けているにも拘わらず，小さな会社はほとんど訴訟を起こしていないと指摘している[61]。

　知的財産戦略を議論する上で，ベンチャー・中小企業が関わった最近のプロパテント政策後の訴訟の状況を確認することは大変重要なものと言える[62]。Lanjouw, J.O. and M. Schankerman は米国における状況を詳しく調査・分析している。これは，特許関連の訴訟と解決にかかる要因を特許事務所，裁判所，産業界より1978-99年の間の特許については13,625件の事例，裁判については9,345件の事例に基づいて研究したものである[63]。

　Lanjouw, J.O. and M. Schankerman は，知的財産に関する訴訟について次ぎのように述べている。

　近年では，断片的な特許や戦略的な特許活動により企業の研究活動が妨げられているとの懸念が学会・産業界で増大している。特許訴訟を避けることは難しくなっており，このことが特許権の行使コストを押し上げている。そして，特に小さな会社が知的財産権を守ることが困難となっている。1990年代における特許訴訟の増大により，過去20年で訴訟件数は，およそ10倍となった。

〈業種，会社・ポートフォリオ規模と訴訟リスク〉

　訴訟発生の確率は次のようになっている。まず化学関連の特許の訴訟発生確率が**表5-3**のように11.8と最も低い。そして，エレクトロニクスが15.4，機械が16.9と全体の平均値以下となっている。製薬が全体の平均値を上回っていることは注目に値する。

60　Washington CORE [2003], p.28.
61　Burrone, E., Director, WIPO [2004], p.9.
62　米国におけるプロパテント政策と訴訟コストに関しては，山口直樹 [2005] が詳しい。
63　Lanjouw, J. O. and M. Schankerman [2004], pp.45-74.

表5-3 業種・期間別訴訟発生数（件数/特許1000件）

	サンプル数（%）	全期間 1978-95	1978-84	1985-90	1991-95
全体	100	19	19.3	16.6	21.1
製薬	5.6	22.2	22.5	18.9	24.3
その他健康	8	34.6	48.2	35.2	27.3
化学	13.4	11.8	11.6	10.9	13
エレクトラニクス	18.7	15.4	16.2	13.1	16.8
機械	27.7	16.9	17.7	14.5	18.7
コンピュータ	1.8	25.6	32.6	21.2	25.9
バイオ	0.9	27.9	33.3	27.6	25.5
その他	23.9	34.2	32.4	28.9	40.7

出所：Lanjouw and Schankerman（2004）table1より作成。

表5-4 保有者の属性別訴訟発生数（件数/1000件，100件）

	国内の個人	国内の非上場企業	国内の上場企業	外国の企業
発生件数（‰）	35.2	46.0	10.4	4.2
和解率（%）	94.7	94.0	94.1	94.5

出所：Lanjouw and Schankerman（2004）table2より作成。

この期間において特許の件数は71%増加したが，特に製薬・バイオ・医療器具関連は3倍の伸びとなり，またコンピュータにおいては4倍の伸びとなった。しかし，訴訟発生確率は**表5-3**のとおり，大きな変化を示さなかった。

つぎに，**表5-4**により保有者の属性別の訴訟発生件数を見る。国内の上場企業の発生率は，10.4と個人，非上場企業の35.2ないし46.0に比べ，はるかに低くなっている。また外国の企業（含む上場企業）は国内の企業に比べ，はるかに低くなっている。ただし，いずれの場合も約95%の事案が裁判の審理終了前に和解となっている。

上場企業は多くの理由により訴訟確率が低くなっている。大企業はそのような経験を既に有するということと，紛争を知的財産を利用して解決することが

表5-5　ポートフォリオと会社規模別訴訟発生数（件数/特許100件）と和解確率

ポートフォリオのサイズ	全体（%）	大きな国内の上場企業（%）	小さな国内の上場企業（%）	国内の非上場企業（%）	和解確率（%）
0-10	1.71	0.55	1.09	2.63	95.0
11-100	1.20	1.16	1.78	2.00	93.3
101-200	0.52	0.70	0.77	0.67	93.0
201-300	0.43	0.49	0.82	0.84	97.0
301-600	0.39	0.54	0.70	0.56	90.9
601-900	0.34	0.62	0.44	0.34	93.3
>900	0.26	0.39		0.37	93.2

出所：Lanjouw and Schankerman（2004）table3より作成。

できるためである。金融市場が十分整っていなければ，小さな会社が訴訟費用を入手するのは簡単ではなく，大きな会社は良い条件で和解することが容易となる。訴訟の発生確率と保有者のポートフォリオのサイズの関係の調査結果によると**表5-5**の全体の欄のとおり，サイズが大きくなることにより，訴訟の発生確率は急減する。10件以下のサイズでは発生確率は1.71%であるが，100-300のサイズでは約0.5%に減少している。900件超のサイズの場合は，わずか0.26%となっている。サイズによる違いが明確に現れている。ポートフォリオのサイズは，将来の特許により引用される件数（forward citation）との関係が深い。

　もし大きなポートフォリオを持つ会社にイノベーションを特許化するという傾向があるとすると，価値のない特許を保有することとなり，上記のような差異が生じる。しかし，この仮説はデータにより否定される。データはポートフォリオのサイズと将来の特許により引用される件数（forward citations）および請求項当たりの将来の特許により引用される件数（forward citations per claim）との間に，明確な相互作用関係があるということを示している。このことから大きなポートフォリオにおいて特許の質は下がっていないことを示している。よって，訴訟の可能性とポートフォリオのサイズとの関係から，大き

表 5-6　和解時期（％）と訴訟率（％）

	国内の上場企業	国内の非上場企業	外国企業	個人
和解時期				
事前審査前	81.2	83.0	78.8	84.7
審理前	18.0	15.5	19.9	14.2
審理後	0.8	1.5	1.3	1.1
原告勝訴率	51.2	49.1	42.7	46.5

出所：Lanjouw and Schankerman（2004）table4より作成。

なポートフォリオが会社に紛争の和解を促す効果があるということを示している。

つぎに，ポートフォリオのサイズと会社の大きさによる有利の度合いの違いを区別して分析した。大きな上場企業，小さな上場企業，非上場企業ともにポートフォリオのサイズが大きくなると訴訟の発生確率は下がって行く。特に，非上場企業の場合は，その傾向が大変顕著に現れている。ポートフォリオのサイズと和解の確立に関しては，関係を見出すことができない。

表 5-6 は和解の時期に関するものである。概ね，80％で保有者の属性に関わらず，事前審理前に和解している。勝率は約50％となっている[64]。

上記のとおり，Lanjouw and Schankerman（2004）によれば，大企業は過去の紛争などの経験から，訴訟を未然に防いだり，保有している知的財産を紛争解決の手段と利用することも可能な場合が多く，小さい会社と比較すると訴訟となる確率が低いというのである。また保有するポートフォリオのサイズによるリスクの変化では，小さな会社の場合が最も大きいとのことである。小さな会社は財務力も弱く，訴訟に耐える体力をほとんど持っていないが，Lanjouw, J.O. and J. Lerner（2001）は，この弱点を狙って，大企業など（stronger firms）が仮差止命令の手続を取ることがあると指摘している[65]。つまり，この手続により小さな会社（weaker firms）は何カ月もあるいは何年も

64　表のデータから外国企業原告の場合の勝訴率がやや低くなっている点は注意を要する。

操業ができなくなり，倒産を回避するために，不利な条件で和解に応じているケースが確認されるというのである。結局，小さなポートフォリオしか持たない小さな会社は訴訟のリスクが相対的に高く，訴訟に耐える体力もなく，良い解決策も見当たらないこととなる。しかしながら，例えば企業としての独立性を保ちつつ有力企業など（大学発ベンチャー企業であればTLO）との提携関係を利用して，不当な大企業からの攻撃を避けるなどの積極的な対策の検討が必要と言える。

(2) 特許訴訟保険（Patent Litigation Insurance）

日本では，2011年より販売が開始されているが，欧米においては，活発ではないものの以前よりいくつかの保険会社が取り扱いを行っている。元来は，この種保険により，中小・ベンチャー企業は訴訟リスクを保険料としてコストに折込み企業経営を行えることとなる[66]。しかしながら，そもそも特許の権利関係ないし関連商品の市場性などは千差万別であり，本来の保険の性格にはなかなか馴染まないものと思われる。この点に関し，Lanjouw and Schankerman（2004）は，以下のように述べている[67]。訴訟リスクを回避するためにクロスライセンスないし特許プールなどの戦略は極めて有効と言えるが，中小企業は利用が容易ではない。そこで，訴訟保険に頼るべきである。しかしながら，マーケットはまだ開拓段階であり，最大の問題は保険価格である。訴訟リスクに比べ，保険料が付保額の6－7％程度と大変割高（"much higher than the litigation risk we estimate"）に設定されている。また保険料は，特許の請求項の数に応じて計算されているが，実際は請求項の増加と訴訟発生の関係はなく，その分だけ割高となっている。それは訴訟リスクが個々の特許によって全く異

65　Lanjouw, J.O. and J. Lerner［2001］, p.574, p.600.
66　山口［2005］p.128は「こうした保険は，単に訴訟費用のリスク軽減だけでなく，紛争時における中小・ベンチャー企業の交渉力を高める効果を有する点が大きなメリットとして指摘できるであろう」としている。
67　Lanjouw and Schankerman［2004］, pp.68-69.

なることから生じているのである。保険会社は，各特許の内容を詳細に調査して，保険料を算定することを検討しているものの調査費用が異常に高いもの（"extremely costly"）となってしまうと言うのである。

　結論として，個人と特許ポートフォリオの小さな企業が保有する特許が，大変訴訟リスクが高いということを見出している。大きな特許ポートフォリオを保有するか，紛争の解決を協議できるような他の条件を整えているような場合は，特許侵害で訴えられるリスクが大変減少するのである。ただし，訴訟の結末・勝率に関しては，このような条件は影響がない。小さな特許保有者は（資金力に限界があり）スピーディーに訴訟を解決できず，特許権を守ることに不利な状況となっていることを見出した。

《本章のまとめ》
　わが国の経済の成長ないし産業のイノベーションにとってベンチャー・中小企業の活力は大変重要なものとなっている。特にITないしバイオなどの一部の業種のベンチャー・中小企業の中には先端的な高い技術力を持ち，経済の発展を促すような潜在力を持っている企業も少なくない。ただし，その技術を開発した企業のために技術を資産として保護し，企業を発展させるための知的財産戦略については，従来，大企業ないし企業一般の知的財産戦略に関する議論のみで，ベンチャー・中小企業のために特化したものは，日本では十分な議論がなされていない。高度な技術を持ったベンチャー企業などは，大企業と敵対しつつ成長せざるを得ない場合も多いはずで，ベンチャー企業などの知的財産戦略は大企業ないし企業一般のためのそれとは異なる内容が必要なはずである。このようなことから，欧米での議論を調査分析することを試みた。その結果，欧米での議論の内容として，つぎのようなことが判明した。ベンチャー・中小企業の革新は（大きな会社と比べ）よりハイテクで最先端であると考えられていて，その独自技術は知的財産権の制度により保護され成長が支援されている。この制度を活用して，事業を順調に成長させるためには，まず社内に知的財産

文化を構築させる必要がある。それには企業の全ステークホルダーが知的財産の重要性を認識して，社内で生まれた知的財産を保護して育成するという意識を持つことが重要である。多くのベンチャー・中小企業では特許の登録方法の知識やそのための費用が十分ではない。そのことから知的財産の保護を安易に非公式な方法に頼りがちとなるが，特許登録など公式な方法により独自技術に関する知的財産を確保する必要な場合もある。公式な方法により登録された知的財産は価値がありベンチャーキャピタルなどからの投資資金を誘引する能力を持っている。企業の知的財産戦略は属する業界などの背景により，それぞれ異なった戦略がある。特にバイオないしエレクトロニクス業界には特別な事情がある。米国における特許関連の訴訟の分析によると，大企業は紛争の経験を有し，保有する知的財産を活用して紛争を事前に解決することにより特許1000件あたりの訴訟の発生確率が低いことが判明している。ベンチャー・中小企業にとって，訴訟は経営への影響も大きく，さらに小さな会社は訴訟に巻き込まれやすい為，大企業にも増して巻き込まれにくい戦略が必要と言える。

　ここで，欧米でのベンチャー・中小企業の知的財産に関わる議論のポイントをさらに纏めると概ねつぎのような内容となろう。企業が自社の知的財産を適切に保護するためには，社内に知的財産文化を構築し，企業戦略に適合した知的財産戦略を推進する必要があるが，ベンチャー・中小企業は一般的に知的財産の保護のための資金と人材が不足しており，戦略的な対策を講じることが困難な場合が多い。また保有する知的財産のポートフォリオが小さく，大企業のように，知的財産に関する紛争を他の知的財産で解決できない。そのことから訴訟に巻き込まれやすく，長期の訴訟に耐える資金力がなく不利な和解条件を認めざるを得ないというのである。

　本章においても触れたように大企業によって，ベンチャー・中小企業の知的財産が不当に扱われる事例は少なくない。そのことからベンチャー・中小企業が大企業との競争に負けずに成長するためには，ベンチャー・中小企業のための戦略が必要なはずである。その戦略は大企業など企業一般の戦略とは異なった独自の内容が必要である。

しかしそうであれば，ベンチャー・中小企業により適合した人的ないし資金的な余裕があまりないベンチャー・中小企業に特化した知的財産戦略を構築する必要があろう。この点に関しては欧米の文献においても現在のところ，必ずしも十分明確な議論はなされていないようである。

これらの点を踏まえ，最後にベンチャー・中小企業のための知的財産に関する戦略ないし対応策について従来あまり論じられていない点について付言する。

まず本章において，ベンチャー・中小企業が非制度的な方法により知的財産の保護を計っている実態が外国の文献において明らかとなった。同様な行為は日本においても大いに行われていると思われる。例えば営業秘密としてノウハウを保護することは，必ずしも間違った戦略とは言えず，特許など登録できる制度との組合せが重要なはずである。自社にとって，どのような技術・ノウハウが営業秘密として保護するのに適し，どのような技術が特許に適しているのかを見極めることが肝要である。

【参考文献】

Blackburn, R. A. [2003], *Intellectual Property and Innovation Management in Small Firms*. London, Routledge, 165p. (ISBN 0-415-22884-0)

Carter, E. A. and R. Millien [2006]. *Little Blues-How to Build a Culture of Intellectual Property Within a Small Technology Company*. London, New York, Managing Intellectual Property, 127p. (ISBN 1-84374-271-3)

Lanjouw, J.O. and J. Lerner [2001]. "Tilting the Table? The Use of Preliminary Injunctions". *The Journal of Law & Economics*. Vol.44, no.2, pp.573-603.

Lanjouw, J. O. and M. Schankerman [2001]. "Characteristics of patent litigation: a window on competition". *Rand Journal of Economics*. vol.32, no.1, pp.129-151.

Lanjouw, J.O. and M. Schankerman [2004]. "Protecting Intellectual Property Rights: Are Small Firms Handicapped?". *The Journal of Law & Economics*. vol.47, no.1, pp.45-74.

Lerner, Joshua. [1994]. "The Importance of Patent Scope: An Empirical Analysis". *RAND Journal of Economics* vol.25, no.2, pp.319-333.

Washington CORE [2003]. "Patent Strategies for Venture Firms: Experiences from the United States", Report for Institute of Intellectual Property, Tokyo. 28p.

明石芳彦［2002］,「ベンチャー企業の特許戦略」(『組織科学』第35巻第3号),49-56頁
荒井寿光・知的財産国家戦略フォーラム編［2002］,『知財立国』,日刊工業新聞社
鮫島正洋編著［2003］,『特許戦略ハンドブック』,中央経済社
関水信和［2007］,『ベンチャー・中小企業の知的財産戦略』,千葉商科大学大学院Policy Studies Review No.14, 89-116頁
永田晃也・隅蔵康一責任編集［2006］,『MOT　知的財産と技術経営』,丸善
山口直樹［2005］,「中小・ベンチャー企業における特許のエンフォースメント」(『産業経済研究所紀要』第15号),115-134頁

【インターネット情報】

Burrone, E., Director, WIPO [2004], "Intellectual Property Rights and Innovation in Small and Medium-Sized Enterprises", Second OECD Ministerial Conference for Small and Medium-sized Enterprises. 25p.
特許庁,（独）工業所有権情報・研修館［2015］,「中小企業のための　職務発明規程導入について」

第6章
ベンチャー企業に相応しい知的財産の確保のための具体策

　大企業を含めた一般的な企業のための知的財産戦略に関しては，既にいくつかの文献が存在し，いろいろな議論がなされている[68]。ところが，ベンチャー企業ないし中小企業のための知的財産戦略に関しては，従来あまり議論がなされていない旨，前章にて指摘したとおりである。そこで前章において，欧米の文献を調査し，ベンチャー企業の知的財産構築のための考え方を検証した。

　しかし，ベンチャー企業が，新しい技術を開発し，自社の知的財産を構築することを検討するに際し，資金も不十分でかつ知的財産を扱える人材にも恵まれていないベンチャー企業が，直ぐに利用できるような具体的な対策としては不十分な面がある。当然のことながら，既述のとおり，ベンチャー企業では，管理に必要な資金も知的財産に精通した人材も不足している。また第5章にて調査した欧米の文献によると，ベンチャー企業は大企業などによる訴訟などに巻き込まれた場合，対応が満足にできず，極めて不利な状況となる。あるいは特許など制度化された権利を利用しない場合も多いようである。しかし，ベンチャー企業は，産業の方向性を変える可能性を秘めたような成長性のある技術を保有している場合が多い。この技術は，発明が行われた段階では，評価が難しいという特徴を有している。そのことから発明が生まれた段階で，知的財産の確保にかけることのできる費用や作業は限定的とならざるを得ない。つまり，

68　例えば，鮫島［2003］ないし［2006］。

第6章　ベンチャー企業に相応しい知的財産の確保のための具体策

表6-1　ベンチャー企業に相応しい知的財産の確保策の検討

活用制度	活用方法	資金調達力	コスト	文献	STLO所長	T弁理士	H弁理士
国内優先権	ベンチャーが行った発明が，未完成の段階でも，まず特許出願を行い，申請中の技術として大企業などとの共同研究の交渉をし，研究資金を獲得する。獲得した研究費により発明を完成させ，この優先権を主張して新規性，進歩性，明細書の補充を行い特許性を補強すること。	先の出願後に特許出願中の技術として大企業などと交渉がしやすくなる。（資金獲得の道具）	通常の特許出願費に加算となる。（倍未満）	『特許の知識』250頁は，「研究成果のプロテクトにとって戦略上極めて重要な制度」としている。	○	◉	◉
先使用権	アンケート結果によるとベンチャー・中小企業は人材・資金不足から技術を知的財産化しない企業が多い模様。営業秘密として社内に蓄積している。その方法も選択肢の一つながら他社による特許化の事態に備え，先使用権の制度を利用して，リスクを回避すべき。比較的簡単に証拠を作成できる。その解説書が2016年特許庁より発行された。	なし	原則，事務費（確定日付の費用など）	実務の解説書として『先使用権の円滑な活用に向けて―戦略的なノウハウ管理のために』特許庁編がある。	○	◉	◎
判定	他企業が保有する技術の周辺技術を開発し，ニッチなマーケットへ進出を検討しているベンチャーは，他社特許への抵触が気がかり。顧問弁理士の意見書に基づいて判断するよりも判定制度を利用することが効果的で割安。従来はあまり利用されていない。複数のアイデアがあれば，判定結果により進出マーケットを決定できる。	他社の特許に抵触しないとの判定書があれば，資金調達に役立つ。	特許庁：4万円弁理士：10万円が目安（作成資料による）	『特許の知識』358頁は，「簡単な手続きにより，権威のある判断が得られるとすれば」好都合としている。2015年で利用は特許で28件，実用新案で1件とほとんど利用されていない。	○	◎	△
米国の仮出願	日本にはない制度。日本語（翻訳不要）なども可で，明細書と図のみで請求項は不要。1年以内に通常の出願を行う。また登録時点で，発明の日時を証明できれば（先使用権で作成の書類など）先発明主義で発明の権利主張可能（但し米国国内のみ）。米国の出願日を優先権主張して，日本など各国に出願することも可能。	評価者次第	出願日確保のため本人（代理人を利用しない）が行えば，160ドル。	清野裕『技術移転ガイドブック』109ページは，『極端な場合，論文をそのまま特許出願の明細にすることもできる』としている。	△	◉	△

◎強く推奨　◉推奨　○やや推奨　△中立な立場

　発明が行われた段階では権利確保の費用と手間を極力節約し，発明の価値が評価できる段階において，大企業など他社からの攻撃にも耐えられるように，合理的且つ強固に知的財産権の確保を図るような対策が特に必要となる。

　そこで，文献情報や著者のベンチャー企業での知的財産を扱った経験を基に，

有力私立大学のTLO組織のS所長とT. 弁理士（専門分野，化学・薬学），H. 弁理士（専門分野，バイオ）と議論を重ねた（**表6-1**を参照）。そして国内優先権，先使用権，判定，米国の仮出願（日本の居住者も利用可）の四つの方法が，ベンチャー企業に相応しい対策の候補となった。この四つの候補に関する議論の内容は**表6-1**のとおりである。

判定に関しては従来あまり利用されていないが，費用がかからず，結論が出るのが速くベンチャー企業が利用しやすい。しかし米国の仮出願は，日本語の論文形式の文章を米国の担当部署に送付することで足り，費用も安上がりで，権利を"仮予約"をするような制度で，ベンチャー企業の技術をとりあえず確保するには相応しい制度のように思えるが，日本企業の事例に関する情報の入手が難しく，また国際間の事務を伴い，不確定な要素も多々あるとの意見もあり，さらに国内優先権の制度を利用すると，概ね同様の効果が期待できることなどから，米国の仮出願は本書の対象から除いた。

結論として，特にベンチャー企業に相応しいと思われる国内優先権，先使用権，判定の三つの制度の利用を本章では説明する。

1 国内優先権

国内優先権の制度を利用することで，発明が完成する前に，先行する発明の部分を出願し（先の出願という），その部分のみ権利として確保をすることができる[69]。つまり先の出願の後（1年以内）に，先の出願の明細書に記載されていなかった実施例を補充して出願のクレームの幅を維持したり（実施例補充型），先の出願発明が具体的な実施例を基礎とするものである場合に，これを包含するジェネリックな概念をクレームとして出願し，先の出願の優先権を主

---

[69] 創英知的財産研究所［2007］29頁は，「先願主義の制度の下では，発明が完全なものとなるまで待たずに出願することも止むを得ないと考えられる。そのような出願をした場合に，それから1年以内に，データの補充等を行って，国内優先権主張出願をすれば，実施可能要件やサポート要件により拒絶や無効となることはない」と記述している。

張したり（上位概念抽出型），物の発明についての出願と物を生産する方法についての出願が別出願として係属している場合に，これを包含する一つの発明として出願する（出願の単一性利用型）などのタイプが考えられる[70]。先の出願とは，特許出願，実用新案登録出願[71]，PCT[72]に基づく国際出願をいう（特許法41条1項，実用新案法8条1項，特許法184条の3，20）。この制度を利用することにより，一連の発明を全て完成させる前に先行する部分を出願し，権利化した技術を元に資金を集め技術をさらに開発することができる。重要な点は，後日，改良発明を出願しても，一連のものとして纏めることができ，自分の先願と同一発明として拒絶されないことである[73, 74]。

(1) 国内優先権制度導入の経緯

国内優先権制度とは，自国の先の国内出願を基礎として自国の後の国内出願について主張することができる優先権制度であり，1985（昭60）年特許法改正で導入された規定である。先の特許出願から1年以内にした後の出願の発明について国内優先権を主張した場合は，後の出願中，先の出願に書いてある発明については先の出願のときを基準に新規性・進歩性（特許法29条）等の該当性が判断されることになる。

---

70 竹田［2006］，244-250頁を参考とした。
71 実用新案制度は，保護の対象が「物品の形状，構造又は組合せに係る考案」に限られる点で特許制度での保護の対象と異なるものの，その目的とするところは同様である。実用新案の出願があったときは，その実用新案の出願が必要事項の不記載などにより無効にされた場合を除き，実用新案権の設定の登録がなされる。
72 1970年にワシントンで調印された特許協力条約（Patent Cooperation Treaty）で，加盟国（139カ国：2008年4月現在）相互の特許出願手続を共通化して，一つの出願願書を条約に従って提出することによって，PCT加盟国であるすべての国に同時に出願したことと同じ効果を与えられることとなる（特許庁［2007］『PCT国際出願の手続き』を参照。http://www.jpo.go.jp/torikumi/ibento/text/pdf/h19_jitsumusya_txt/pct-01-00.pdf）。
73 竹田［2006］，244-249頁は，「研究の段階を追って生み出される発明を一連のものとしてまとめ，漏れのない権利の取得ができ」，また「改良発明を出願すると，自分の先願と同一発明として拒絶されることがあるが，優先権主張出願すれば，そのような恐れはない」としている。
74 制度の利用要件については，創英知的財産研究所［2007］が詳しい。

国内優先権制度の導入以前に唯一利用可能な優先権制度であったパリ条約[75]による国際優先権制度によると，第1国から第2国への出願に際して，第1国の優先権を主張すれば，第2国の出願の審査にあたり，第1国の出願日を基準に審査してもらえるという利益が与えられる。この優先権主張を国内の先願に基づいて認めるのが国内優先権である。

　国内優先権制度導入前のわが国の法制では，自国の出願を基礎として再度国内に出願し，包括的ないし漏れのない権利を取得する制度は採用されていなかった。他方，わが国への出願にパリ条約による優先権を活用する外国人は，一連の発明について包括的ないし漏れのない権利を取得する上で制度上のメリットを享受することができた。そのため，わが国への出願において，通常，パリ条約による優先権を利用することがない内国人出願人と外国人出願人との間で一種の不均衡が生じていた。現に，日本企業が，漏れのない包括的権利を取得するため，わざわざ外国で出願し，その後日本でパリ条約の優先権主張出願をするといった事態も発生していたようである。

　このような不均衡の解消に加え，技術開発の高度化・複雑化による改良発明や追加発明の必要性の増加という社会背景のもと，パリ条約における優先権と同様の機能を国内の出願制度に取り込むべきとの要望が高まった。昭和59年11月29日には，技術開発の態様に即した漏れのない権利の取得を可能にし，PCTの利用促進にもなることから，わが国においても国内優先権制度の導入をすべきとした工業所有権審議会の答申が出された。

　そして，特許法等の一部を改正する法律（昭和60年11月28日法律代41号）により，国内優先権制度が導入されるに至った。国内優先権制度という名称は，パリ条約による国際優先権制度に対する，国内の優先権という意味である。

---

[75] 1883年にパリで調印された工業所有権保護に関する条約（加盟国184カ国：2008年9月現在）であり，内国民待遇（内外人平等）の原則，優先権制度の創設，各国工業所有権独立の原則の三つを基本原則とする。パリ条約による優先権の主な目的は，言語や出願手続が異なる複数の国に特許出願等を行う場合に一定の時間的猶予を持たせ出願人の負担を軽減することであったが，それに留まらず，一連の発明に関する複数の出願を一つにまとめることや，新規な事項を取り込んで出願することも認められていた。

(2) 国内優先権主張の要件

A 主体的要件

　国内優先権を主張できる者は，先の出願の出願人（承継者を含む）である（特許法41条1項）。つまり，優先権を主張する者は，先の出願人と同一であることが要件となっている。なお，複数の出願人による出願（共同出願）の場合においても，先の出願の出願人と後の出願の出願人とは完全に一致していなければならないので，ベンチャー企業が他社と共同研究した成果を共同出願し，後日，研究発展させる場合には注意を要する。

B 優先権の基礎となる出願

　出願となりえるための条件は，以下のとおりである（特許法41条1項列挙事由）。

① 優先権の基礎とする先の出願日から1年以内に出願（特許出願，実用新案登録出願，日本を指定国とするPTCに基づく国際出願）がなされること

② 先の出願が出願の分割に関する新たな特許出願もしくは実用新案登録出願または出願の変更にかかる新たな特許出願もしくは実用新案登録出願でないこと[76]

③ 先の出願が優先権主張出願の際に放棄され，取り下げられ，または却下されていないこと

④ 先の出願が優先権主張出願の際に査定または審決が確定していないこと

⑤ 先の出願が優先権主張出願の際に実用新案設定登録されていないこと

　なお，「先の出願」は，必ずしも「最初の出願」でなくともよい。また，優先権の基礎とする内容が異なれば，同一の先の出願について何回でも優先権主張が可能と解される[77]。ただし，優先権の累積主張は認められない[78]。累積的

---

[76] 後藤［1986］171-172頁は，分割出願および変更出願を基礎として国内優先権主張をすることを認めると，「その出願が分割または変更の要件を満たしているかいないかについても審査が必要となり，審査，審判の負担も第三者によるサーチ上も負担が増大することを避けることができないからであろう」としている。

主張を認めると1年間という優先権主張期間の実質上の延長となるからである。

C　優先期間

先の出願の日から1年以内に優先権出願をする必要がある（特許法41条第1項第1号）。国内優先権主張出願が可能な期間は，先の出願の日から1年とされている。

なお，優先権主張出願の基礎とされた先の出願は，その出願日から1年3カ月を経過したときに取り下げられたものとみなされる[79]（特許法42条1項）。

(3) 国内優先権出願制度利用のメリット・デメリットと利用事例

A　メリット

① 一連の発明が研究発展の過程にある場合であっても，とりあえずその先行部分について権利化でき，その権利化した技術を他社と共同研究などの交渉材料として利用できる。

② 一連の発明のうち，先行する部分について出願をしておけば，優先権主張出願までに時間的猶予が与えられるため，充分時間をかけることができ，技術開発の成果を漏れのない完全な形の特許権を目指すことができる。

③ 先の出願の内容について，優先権主張出願の前であっても，研究成果を学会や学術雑誌に発表することができる。この制度を利用し先行する部分の出願をしなければ，先の出願の内容については発表等により公知となるはずであるが，後に優先権主張出願すれば，先の出願内容と同一部分については新規性・進歩性が先の出願時に遡って判断されるからである。

77　竹田［2006］245頁参照。
78　つまり，第1の出願に基づいて国内優先権を主張して第2の出願をし，この第2の出願に基づいて国内優先権主張をして第3の出願をした場合は，第1の出願の当初の書類に記載されている発明については優先権の効果が認められない。
79　先の出願にかかる特許は，後の出願に包含されるため，みなし取り下げによって，後の出願に，先の出願の発明と同一だという理由での特許法第39条の拒絶理由発生が回避される（創英知的財産研究所編著［2007］3-4頁参照）とともに，重複して権利化されることを避けるためである。

④　ベンチャー企業がいくつか持っているアイデアのそれぞれ一部を出願後，それを交渉材料として契約先を探し，契約先が見つかった案件のみ，残りの技術を優先権主張出願するという方法が可能となる。この方法で，売れない特許に関しては出願費用を抑えられることとなり，すべてのアイデアについて全部分を出願する場合に比べて，権利確保の費用と手間を節約できる。

⑤　国内優先権は，先の出願の発明を後の出願へ乗り換えさせ，出願遡及の利益を享受している部分とそれ以外を一括するものであるから，権利の存続期間は優先権主張を伴う後の出願時から起算されることになる。これにより，実質的に特許権の存続期が1年以内限りにおいて延びることになる。

⑥　同じような内容の発明について別々に出願するよりは，国内優先権を主張して包括的に権利取得した方が，特許管理が容易となる。

⑦　国内優先権を利用することを前提に，競合他社に先んじて，一部でも出願し学会などで発表しておけば，国内優先権を利用した出願が公開されるまで（原則として出願から1年6カ月後：特許法64条1項）は，その出願された発明の範囲は出願人以外には明らかでないため，競合他社は参入しにくくなる。

B　デメリット

①　発明が全て完成して纏めて出願される場合と比べると，複数に分けて出願が行われるため費用が増える。研究の進展により追加の発明が行われたりせず，また研究の過程で他社とのコラボレーションなどがなされず，また研究途中での学会発表などもしない場合は，発明がすべて完成した段階で出願することに支障がないこととなり，費用がかえって増加する。

②　発明が完成した際に国内優先権の制度を利用することを前提として，発明の一部のみを出願し，一定期間後に学会などで研究発表を行うと，出願後に研究が進み出願に含まれていない事項を学会などで発表してしまうという事態が起こりやすくなる。発表により公知となり，未出願の部分は原則として（新規性・進歩性喪失の例外規定該当の場合を除く）[80]新規性を

失うことから，後日，国内優先権を利用しても権利主張できないこととなる。大学発のベンチャー企業においては，発明者・教官が出願済みの内容とその後の研究の進捗状況を常に把握することは容易ではなく，特に注意が必要である。

③　複数の出願人による出願（共同出願）の場合において，先の出願の出願人と後の出願の出願人とは完全に一致していなければならないので，ベンチャー企業が他社と共同研究した成果を，後日国内優先権を出願することを前提に安易に共同出願すると，後日，単独で研究発展させた成果は国内優先権を利用して出願できないこととなる。

　国内優先権の利用は，ベンチャー企業がまだ発明の価値の判断ができない段階において，開発途上ながら，取り敢えず権利化を図り，大企業などと共同研究の交渉に利用するためには，極めて利用価値の高い制度と言える[81]。また発明の一部を学会などで発表する場合においてもこの制度は利用できる。どの程度のベンチャー企業が利用しているかは不明ながら，制度自体の利用件数は僅かながら，増加しており，最近では，出願件数の10％程度に達している模様である[82]。

C　国内優先権利用の事例

　著者が創業した㈱ゲノム創薬研究所ないし第9章で取り上げる㈱オルスリーでは，国内優先権の制度を大手企業などとの共同研究を実施する際に利用して

80　特許法30条が規定する新規性を喪失しても救済する例外には，特許を受ける権利を有するものが特許庁長官の指定する学術団体の研究集会で文書をもって発表したため新規性を失った場合も含まれる。もっとも，この場合でも，単に出願しただけでは救済されず，新規性を失った日から6カ月以内に出願しなければならない。また，新規性喪失から出願までの間に，第三者が同一発明に基づいて出願した場合には，双方とも新規性喪失として拒絶されることにも注意を要する。

81　竹田［2006］，250頁は，「国内優先権制度は，研究成果のプロテクトにとって戦略上極めて重要な制度である」としている。

82　竹田［2006］，250頁は，この権制度の「利用状況は意外に低い（2002年で6.24％）。もっと活用されてよい」と指摘している。また創英知的財産研究所［2007］，7頁は，非公式統計ながら「年々利用が増加し，2004年，2005年には，およそ10％に達している」としている。

いる。

　具体的には，㈱ゲノム創薬においては，まず自社で行った発明を特許申請した後に，同発明に基づいた共同研究を製薬会社などと行い，その成果を国内優先権を利用して，1年以内に追加申請するようにしている。

2　先使用権

(1)　先使用権制度の概要

A　先使用権制度の目的

　先使用権とは，他者の特許出願の時点において，同様の発明の実施ないし準備を行っていた者など（以下，「発明の実施者など」という）が実施または準備していた発明および事業目的の範囲内で，当該発明を実施した事業を継続できる権利である[83]。この先使用権を認める理由として，発明の実施者などが自由に事業を継続できないことから生ずる国民経済上の損失防止の考え方（経済説）が従来は有力であったが，発明の実施者などと特許権者との間の公平の観点を重視する考え方（公平説）が，現在では通説となっている[84]。また逆に，先使用権が認められないと，発明の実施者などは，特許出願がなされた時点で事業を自由に継続できないことから，他者の出願を恐れて必要以上の出願をするという問題が生じる[85]。

　先使用権は，特許の法定実施権の一つであると説明される場合があるが[86]，

---

[83] 特許法は79条において，「特許出願に係る発明の内容を知らないで自らその発明をし，又は特許出願に係る発明の内容を知らないでその発明をした者から知得して，特許出願の際現に日本国内においてその発明の実施である事業をしている者又はその事業の準備をしている者は，その実施又は準備をしている発明及び事業の目的の範囲内において，その特許出願に係る特許権について通常実施権を有する」と規定している。

[84] 中山［2000］，845頁は，「公平説と経済説とでは，沿革的にみても，経済説から，次第に公平説に推移していることがわかる。現在は公平説が通説判例のとる立場である」としている。

本質的には特許権に対する抗弁権であり特許権からは独立した権利と言え[87]，特許権者に対抗できる強力な防衛力を発明の実施者などに提供してくれるものと言える[88]。

B　先使用権の要件と効果

　先使用権は，発明をなした者ないしその者から発明を教えてもらった者が，特許権者により出願された時点において，発明の実施ないしその準備を行っている場合に取得できる権利である。この権利を取得するための要件と権利の効果をまず確認する。

　① 先使用権の発明の起源

　先使用権が発生するのは，発明の起源が二重発明の場合に限定されるのか，同一の起源による善意の承継人も含めて考えるのかという議論が存在する。学会においては，後者の考えが優勢のようで，本書では後者の考えの立場を取る[89]。しかし，二重発明に限定するという説もある点注意を要する[90]。

　② 要件となる「事業の準備」

　先使用権が認められるためには，他者の出願の時点で，発明を完成させていて[91]，さらに事業ないし「事業の準備」を具体的に開始している必要がある[92]。この「事業の準備」について，最高裁は，ウォーキングビーム事件において「法79条にいう発明の実施である『事業の準備』とは，特許出願に係る発明の

85　田村［2006］，259頁は，「他人に特許権を取られてしまったことを慮って，とにかく出願をなしておいた方が良いと考えがちになる。これでは，無駄な出願が増大してしまう」としている。

86　竹田稔［2007］，199頁は，「特許権者の意思に拘わらず，特許法の規定により通常実施権が成立する場合がある」として，先使用権などを例示している。

87　中山編著［2000］，843頁は，先使用権について「通常実施権と称されるものの，その本質は特許権に対する抗弁権である」としている。また竹田和彦〔2006〕，470頁は，「この権利は，実施権というよりは，特許権の効力が先使用者の部分に及ばないということを意味する」としている。さらに土肥［2002］，167頁は，「先使用権の法的性格は，特許権発生前における先使用者たる地位を認めることからも，特許権とは別個独立の継続実施権であるという他なかろう」としている。

88　竹田和彦［2006］，470頁は，「先使用権は，権利者からの警告を受けた際の反論の根拠として，さらには侵害訴訟における被告の抗弁権として，非権利者側に強力な防御方法を提供している」としている。

内容を知らないでこれと同じ内容の発明をした者又はこの者から知得した者が，その発明につき，いまだ事業の実施の段階には至らないものの，即時実施の意図を有しており，かつ，その即時実施の意図が客観的に認識される態様，程度において表明されていることを意味すると解するのが相当である」と判示し[93]，通説となっている。もっとも，業種などにより，例えば受注生産を行うなど事情は大いに異なり，業種なども考慮され「即時」の意味は合理的に判断されるべきと言える[94]。

「事業の準備」の判断に関しては，多くの裁判例があり，参考となる[95]。業種など生産・取引形態の状況なども十分考慮する必要があろうが，概ね，試作品の完成・販売，金型製作着手，医薬品における厚生大臣への届出など客観的で明確な「事業の準備」の進捗状況が認定のポイントとなっている。

③ 認められる範囲

先使用権の認められる範囲については，従来，実施していた範囲のみに限定

---

89 土井［2002］，161，164頁は，先使用権は「パラレル発明の場合に限定されるものではないと解され」，「ドイツ法及びフランス法の理解は」，「わが国の支配的見解と同一の結論をとる」としている。吉藤［1998］，579頁は，「ルートが異ならなくても」，「発明ルートが正当である場合があり，このような場合には，先使用権の趣旨に照らし，先使用権を認めるべきである」としている。田村［2006］，263頁は「知得経路の限定は」不合理としている。また裁判例においても，ルートが同一起源の場合について，先使用権の成立を認めた東京地裁平成13年1月30日平成11(ワ)9226判決（裁判例情報 http://www.courts.go.jp/）がある。

90 竹田和彦［2006］，469頁は，79条の「規定ぶりからみて同一起源の場合は除かれていると解される」としている。

91 田村［2006］，261頁は，ここで言う発明の完成は「特許を付与されるために必要とされる発明の完成の要件と同一の基準で判断されなければならない」としている。

92 吉藤［1998］，578頁は，「試作・研究又は単に出願をしたという段階では準備というべきではなく」，「工場敷地又は必要プラント（いわゆる事業設備）の購入段階まで進行している場合はもちろん，その他実施の準備の事実を客観的に証明するに足りる証拠が存在する場合には準備であると解すべきである」としている。

93 最高裁昭和61年10月3日第二小法廷判決（裁判例情報 http://www.courts.go.jp/）

94 特許庁総務部技術調査課［2006］，36頁は，「『事業の準備』が認められるためには，『即時実施の意図』と『その即時実施の意図が客観的に認識』できることが重要になります」。「『即時実施の意図』の『即時』は時間の長さだけで判断されるものではありません。事実，この最高裁判決の事例では，見積仕様書及び設計図の提出から五年近く経ってから，実際の製造があったにもかかわらず」，「『即時実施の意図』が認められています」としている。

するという考え方96（実施形式限定説）と発明の思想の範囲全体に及ぶという考え方（発明思想説）の二つの説が対立していた。その後，最高裁は既述のウォーキングビーム事件において，発明思想説の立場に立ち，「先使用権制度の趣旨が，主として特許権者と先使用権者との公平を図ることにあることに照らせば，特許出願の際（優先権主張日）に先使用権者が現に実施又は準備をしていた実施形式以外に変更することを一切認めないのは，先使用権者にとつて酷であつて，相当ではなく，先使用権者が自己のものとして支配していた発明の範囲において先使用権を認めることが，同条の文理にもそうからである」と

---

95 例えば，名古屋地裁昭和59年2月27日判決（裁判例情報 http://www.courts.go.jp/）は，原告は「見積仕様書を提出したものの」「注文を受けていなかったため最終製作図は作成されていなかつたが」，発注者より「注文を受け」，「細部の打合せを行えば最終製作図面を製作可能な段階まで準備していたのであり」，「ウオーキングビーム式加熱炉は引合から受注，納品に至るまで相当の期間を要し，しかも大量生産製品を買い備えるものでないことを併せ考えれば，単なる試作，試験もしくは研究の域を越えて，現実にその準備に着手したというべきとある」と判示し，最終設計図の作成可能な段階まで準備していた事実を持って「事業の準備」を認定した。また東京地裁平成12年4月27日判決（裁判例情報 http://www.courts.go.jp/）は，「即時実施する意図」は，「契約を締結」し「対価」を「支払った時点において，客観的に認識される態様，程度において表明された」と判示し，契約締結と代金の支払いの事実を持って「事業の準備」を認定した。大阪地裁平成17年7月28日判決（裁判例情報 http://www.courts.go.jp/）は，「鍛造金型を製作するための図面を完成させたうえ，試作材料を発注するとともに金型製作に着手していることに鑑みれば，その即時実施の意図は，本件実用新案登録出願の際には，客観的に認識される態様，程度において表明されていたものと認める」と判示し，試作材料の発注と金型製作のための図面の完成及び金型製作の着手の事実を持って「即時実施」の意図を表明したものと認定した。一方，東京地裁平成14年6月24日判決（裁判例情報 http://www.courts.go.jp/）は，本件の「図面は，装置の大まかな構造を示すものであって，寸法も装置全体の長さを表記した程度のものであって，あくまで概略図にすぎない」し，「製造や工程に関する具体的内容を示すものは何ら存在しない」ので，「事業の準備があったとは認められない」と判示した。また東京地裁平成17年2月10日判決は，「事業の準備をしているというためには」，「少なくとも」，「試験や製造承認の対象となる医薬品の内容が一義的に確定している必要がある」とし，事業のための発明の内容が確定しているだけでは，「事業の準備」に当たらないと判示した（裁判例情報 http://www.courts.go.jp/）。

96 東京地裁昭和49年4月8日判決は，「自らは単に特定の実施の形式ないし態様を示したのみにとどまるところ，後に，他人が出願し権利を取得するにいたつた場合に，その権利に徴し，結局その権利範囲にまで及んで保護を主張せんとするものに帰し」，「先願主義をとるわが法制の建前及び両者相互の公平に適合しない」と判示した（裁判例情報 http://www.courts.go.jp/）。

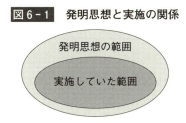

図6-1 発明思想と実施の関係

判示した[97]。現在は，学説の多くも発明思想説を採っている。

よって，実施の範囲は**図6-1**のようなものであっても，将来の技術進歩などに伴い，先使用権の範囲は，特許出願時における発明思想の範囲に広げることが可能と考えられる。

④ 実施形態の変更

実施形態には，生産，輸入，販売，使用などがある。形態の変更の問題は，特許権者と先使用権者の利益衡量の問題として捉えるべきである。よって，販売を行っていた先使用権者に生産は認められないが，生産を行っていた者には他の形態への変更が認められると考えられる[98]。

⑤ 権利を援用できる者

先使用権者から商品を購入した者なども商品を使用するために援用できないと先使用権を認めた実益がほとんどないこととなる。先使用権者の販売先あるいは先使用権者より生産を依頼された下請け業者も援用が認められると解されている[99]。

⑥ 国際取引における効果

輸入されている商品に関しては，わが国の特許法に定められた先使用権が認められる。輸出に関しては，相手国の法規制によるが，主要国においては，ほぼ同様の先使用権制度が設けられている[100]。輸出相手国における法制度がど

97　最高裁昭和61年10月3日第二小法廷判決（裁判例情報　http://www.courts.go.jp/）
98　田村［2006］，262頁は，「販売と製造とでは投下する資本に質的な差異があることが通常であることに鑑みると，販売をなしていただけの者には，販売に関する先使用権を認めておけば特に不利益を発生しない」としている。

のようであっても，日本の輸出企業が，先使用権を有していることを立証するのは容易ではない。ただし輸出相手国の特定の代理店などに対して販売している場合は，代理店が輸入業者として先使用権を主張できる。従って輸出取引においても，事業内容，相手国の制度内容によるが，輸入者側に発生する先使用権の効果は十分期待できる[101]。

⑦ 立証資料

先使用権の立証とは，他者の特許出願の際に，同様の発明を完成させており，既に事業を開始していたこと，ないし上述の②の要件を満たす「事業の準備」に入っていたことを証明することである。よって研究開始，発明の完成，事業方針決定，事業の準備という一連の流れに沿った進捗状況と企業としての意図も併せて，客観的な資料により証明する必要がある。事業化の流れと必要な証拠の関係の一例を図示すると，**図6-2**のようになる。例えば，証拠Aにより研究開始を，証拠Bにより発明の完成を，証拠Cと証拠Dにより，特に②の要件を満たす「事業の準備」ないし事業を開始していたことを証明する必要がある。研究成果の報告書，設計図，仕様書，事業計画書，（方針決定の）稟議書，取引契約書，見積書，発注書，請書，納品書，製品カタログなど重要な書類などには公証人による確定日付[102]をとることが効果的となる。製品，サンプル品，金型などはダンボールなどに封入し，封印箇所に確定日付をとると強い証拠力を持つ。また研究ノート，作業日誌，カタログなども「事業の準備」の状況を説明するために大事な資料となる[103]。対象となる商品などに応じて，公証制

---

99 先使用権者のために製造，販売，輸出をした者の行為が，先使用権行使の範囲に属すると判じた事例がある（最高裁昭和44年10月17日判決，裁判例情報http://www.courts.go.jp/）。また先使用権者から資材を購入して施行した者が先使用権を援用できると判じた事例がある（千葉地裁平成4年12月14日判決，裁判例情報http://www.courts.go.jp/）。

100 独，仏においては先発明主義の欠点を補充する目的で，古くから同様の制度が設けられている。英国においても，先出願主義に変更した1977年に同様の制度が設けられた。米国は，先発明主義を目下のところは続けていることから先使用権の設定は，遅れたが2005年にビジネス方法に限定した制度を設定した。英，米，独，仏，ベルギー，中国，韓国，台湾の先使用権制度の概要については，㈶知的財産研究所［2006］，71～103頁参照。

101 外国における権利を確保するために特許制度を利用する場合は，高額の費用をかけて外国出願する必要がある。

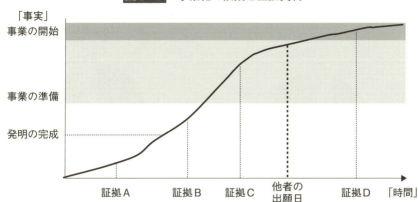

図6-2 事業化の段階と立証資料

出所：特許庁編［2016］，16頁の図「発明完成から事業の実施までのイメージの一例」より。

度を利用するなど証拠力を高める方法もある[104]。

　当然のことながら，権利を立証することに困難を感じる企業も多い。2005年に行われた企業アンケート[105]の結果によると，「先使用権を主張する場合，あるいは先使用権を主張された場合の対応に困難を感じたか」との質問に対して，図6-3のグラフのとおり，133社中70社が「権利を主張する場合のみ困難を感じた」と答え，23社が，「困難なし」と答えている。この「困難なし」と答えた企業の内，半数以上にあたる14社は，十分な証拠を確保しているとしている。

102　電子データに関しては，㈶日本データ通信協会（http://www.dekyo.or.jp）などが提供しているタイムスタンプが利用できる。またとても簡便な方法として，各郵便局の窓口で，各種文書の上に50円切手を貼ると日付印を押してくれる。これらは法的な確定日付でない点に注意を要するが，日時に関する一つの客観的な証拠として有益と考えられる。さらに東京地裁平成15年12月26日，判決は，上海の会社が受信したFAXには「FAX受信日時が示されており」，「作成日を遡らせることは不可能」と判示し，FAXの用紙に印刷された日時も証拠力があるとされた。

103　山上［2007］，160頁は，「先使用権を主張するためには複数の関連書類をきちんと準備しておくことが重要で」，「研究ノートや実験ノートも先使用権を立証する有力な書類になる」としている。

104　具体的な手続きに関しては，特許庁編［2016］，64-78頁に詳しく説明がなされている。

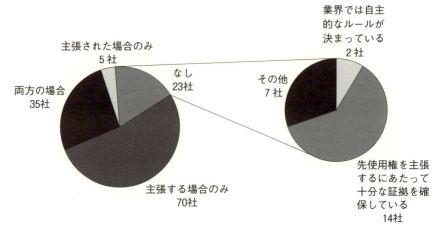

図6-3 権利主張が困難ないし困難でない場合

出所：㈶知的財産研究所［2006a］，18頁の図。

このことを裏返せば，十分な証拠を確保することが大事であり，日頃から先使用権を意識して文書等の証拠化とその保全に努めることにより立証が容易となる場合も多いと言えよう。また特許出願しないと決定した時点において，発明の完成，発明を使用した事業の開始，ないし事業の準備を証明する一連の証拠書類を見直し，不足している書類を補充したり，ポイントとなる重要な書類には公証人の確定日付を取ったりするなどの作業を行うべきである。

この企業アンケートにおいて，さらに困難と回答した企業に，その内容を聞いたところ（複数回答可），約94％が「事業の準備」，「事業の実施」を証明することと回答し，ついで約79％の企業が「対象となる特許権等の出願時における実施を証明すること」と回答している。

これらのことから，やはり図6-2における証拠B，証拠C，証拠Dにより，「事業の準備」，「事業の実施」を中心に証拠を確保し，後日になって判明する

105　㈶知的財産研究所が，日本知的財産協会に加盟の企業780社に対して実施し305社より回答を得ているもの。

「対象となる特許権等の出願時における実施」を証明することができるように備えておくことが重要なことが分かる。

(2) 先使用権の潜在的なニーズ

① 欧米企業の状況

第5章にて記述したとおり，欧米において，多くの小さな会社が自社の独自技術に関して，制度化されていない登録しない権利に頼っているとの指摘がる。

例えば，Carter, E. A. and R. Millienによると，多くの米国の小さな会社が受身的な方法として営業秘密を利用しているとのことである[106]。

また，Blackburn, R. A.の英国の小さな会社に関する調査によると，次頁の**表6-2**のとおり，費用，手続の複雑さ，権利行使の難しさなどから特許などの登録できる制度を避けて，84.1％（イノベーション高度の会社は95.1％）もの会社が登録されない権利を利用しているとのことである[107]。欧米のベンチャー・中小企業において，知識，資金などの問題から登録しない制度を利用している企業がかなり多いことが窺える[108]。

106　Carter, E. A. and R. Millien［2006］, pp.76-77.
107　Blackburn, R. A.［2003］, pp.21-23.
108　欧米の事情に関しては，第5章第2節4．非制度的な知的財産の保護を参照。

表6-2　イノベーションのレベル別，公式な知的財産権保護策の利用

（無作為抽出の英国中小企業オーナーによる複数回答，%）

	イノベーションなしの会社	イノベーション中程度の会社	イノベーション高度な会社	全レベルの会社
何れか公式な権利	59.3	85.7	97.6	86.6
何れか登録制の権利	25.9	50.0	67.1	52.7
登録商標	17.4	38.8	57.7	42.5
登録されたデザイン	4.5	22.2	37.2	25.2
特許	17.4	21.5	38.2	26.1
何れか登録されない権利	59.3	82.7	95.1	84.1
秘密事項（顧客，業者）	29.6	63.7	67.1	61.4
秘密事項（従業員）	37.0	55.4	74.4	59.2
著作権	30.4	56.1	66.2	56.8
特許使用契約	39.1	34	53.8	40.4
公開の制限	21.7	34.4	44.7	36.3
登録しないデザイン	13.0	28.1	33.8	28.5
他の公式な方法	0	1.7	5.9	2.9
母数	27社	168社	82社	277社

出所：Blackburn（2003）table2.4より作成。

② 日本企業の状況

日本のベンチャー・中小企業の特許などの知的財産に対する考え方を財団法人知的財産研究所が2004年に行ったアンケート調査[109]の結果の概要を見てみ

---

109 ㈶知的財産研究所［2005］，3頁によると，このアンケート調査は「我が国の中小企業・ベンチャー企業における知的財産に対する取組の実態や知的財産をめぐる問題点等を把握することを目的として行った。調査対象企業は，特許や商標等をこの3年間で出願した経験のある中小企業，及び独自の技術力を持つ企業が多いとされる東京都大田区や東大阪市の中小企業のうち，公開データベース等から無作為に抽出された7,014社である。回収結果は，郵送・電話回線を合わせて2,122社（回収率30.3％）であり，有効票に基づいて集計を行った」。回答企業には，「独自の技術力や製品を事業の中心とする比較的少数の企業」と「新たな独自技術や製品への取組が低い多数派の企業」が含まれているとのこと。

よう。すると日本のベンチャー・中小企業（3年間に特許・意匠などを出願したことのある2,122社）に対するアンケート結果の分析を纏めると以下のようになる。

① 過去に知的財産を取得しているにも拘わらず，現在は消極方針（全体の15.7％）なのは，取得しても権利侵害に対応できないし，公開することで模倣のリスクが高まると理解している。

② 知的財産関連の社内規定は，発明などの研究成果物の取扱規定（9.7％）よりも営業秘密の管理に関する規定（14.3％）を設けている会社の方が多いこと。

③ ライセンスアウトなど他社とのコラボレーションを行う企業よりも自社のみで発明を閉鎖的に実施する自社実施型の企業が多いこと。

④ 特許などの出願は，知的財産をライセンスアウトなどすることで効果的に利用することを目的とするよりは，真似されないようにするための防御のためにする企業（79.3％）が多いこと。

つまり，技術を公開すると模倣されるリスクが高まるし，もし侵害されると対応は費用対効果を考えると難しい。公開する場合の目的は自社技術の防衛である。ライセンスアウトなどによる知的財産の積極利用よりは自社内で，技術を秘匿して営業を行うという日本のベンチャー・中小企業の現在の考え方が見えて来る。

(3) 先使用権の活用方法

① 公開しない戦略への利用

上述のとおり，欧米あるいは日本のベンチャー・中小企業において，技術を特許出願していない場合も少なくない。特許出願のための資金ないし人材が不足しているという理由も多い。しかし本来は，模倣されるリスクなどを考えて特許出願せずに非公開とするのか，あるいは特許出願して公開するのかという戦略的な判断が必要と思われる。公開した技術を模倣された場合に自社特許に抵触していることを証明できるか否か，あるいは製品を入手して模倣が可能か

否か，が判断のポイントとなる。技術を模倣されても特許に抵触していることを証明できなければ技術を公開することのリスクは高く[110]，また製品を入手しても模倣が困難な場合は技術を特許化する必要性は小さくなる[111]。さらに業種・技術内容によって事情は異なるが，技術を公開することにより，利用発明（特許法第72条）の範囲を超えた改良技術が生まれ特許化されて公開した技術の価値が大きく損なわれるリスクさえ否定できない。

自社技術を特許化せずに社内で情報管理すれば，他社に技術を模倣等されることもなく生産などを続けることができるが，問題点として，他社が特許を取得して，自社はその技術を自由に利用できなくなるという問題が生ずる可能性がある。この問題を解決できるのが先使用権の制度だと言える[112]。この制度を利用するためには発明から事業化までの一連の各段階における入念な書類管理が必要であり，特許庁は2006年に公開した手引書となるガイドラインを更新した（特許庁編［2016］）。特許庁としても，制度を利用するためのガイドライン（事例集）を更新し，制度の積極的な利用を促している。

② **費用抑制効果**

先使用権の主張には入念な書類管理が必要であるが，権利の立証のために作成が必要な書類は，先使用権の主張以外においても，企業活動のために作成が必要なものが中心であり，特許出願のように，それだけのための書類は，限定的であろう。先使用権制度を利用することにより，第三者の特許を阻止するための防御特許を出願する費用を節約でき，総合的にみて知的財産の維持コスト

---

110 山上［2007］，160頁は，自社特許が模倣されても「ソフトウエアで制御する機能や，半導体の内部回路，化合物の製造方法などは，そうした立証が実際上極めて困難であり，特許はいわば『絵に描いたもち』にすぎない場合が多い」としている。
111 2007年3月5日付日経新聞朝刊記事，「特許出願，かえって知財流出」は，「日本の知的財産を十分に守れない制度と，やみくもに特許を出願する企業の慣行の見直しなしに知財立国を標榜（ひょうぼう）しても，その足元はおぼつかない」としている。
112 山上［2007］，160頁は，「発明をノウハウとして秘匿しつつ，他社から訴えられた際に特許侵害を回避するための伝家の宝刀……。それが『先使用権』である」としている。

図6-4　警告売り込み段階の権利主張

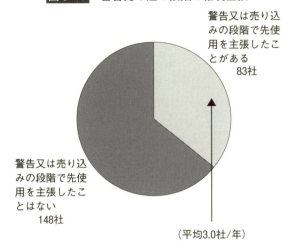

出所：㈶知的財産研究所［2006a］，16頁の図。

図6-5　訴訟段階の権利主張

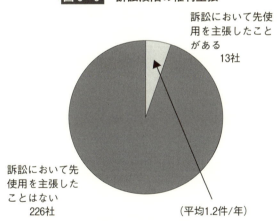

出所：㈶知的財産研究所［2006a］，17頁の図。

113　㈶知的財産研究所［2006］，17頁は，「訴訟段階においては，先使用権を主張したことがある企業が大きく減少することがわかる。多くの場合，訴訟に至る前に，和解や実施許諾といった形で解決しているのではないか」としている。

はかなり軽減できると考えられる。

③ 訴訟抑制効果

上述の2005年の企業アンケートにおいて、231社の警告ないし売り込みを受けた企業の内、先使用権を主張した企業は83社となっている（図6-4）。一方で、訴訟を経験した239社の内、先使用権を主張した企業は13社と比較的少なくなっている（図6-5）。これは先使用権を主張することにより訴訟などに至る前に和解などが成立しやすくなっている面がある[113]。先使用権が特許権者に対し、強力な防衛力を発揮していることを表していると考えられる。

④ 先使用権の活用事例

先使用権を利用している事例を紹介する。第9章で取り上げる㈱Laflaと㈱ハッピースマイル、そして下記に紹介する館山フルーツ工房では、技術内容を公開することを避けたいという理由ないし費用対効果の観点などから特許申請をせずに、先使用権を活用ないし利用を検討している。

〈館山フルーツ工房のケース〉

工房全景

2017年4月2日　著者撮影

住所：千葉県館山市館山1024-3
代表：磯部克（いそべしのぶ）氏
業種：地元の果物を使ったジャムを製造
技術内容：摘果廃棄される未熟のマンゴーや，パッションフルーツの皮，柑橘の皮等が持つ
　　　　　苦みや渋味を除去または抑制する方法
　　　　　ジャムの酸化を抑え変色を防止する方法

工房内部

2017年4月2日　著者撮影
先使用権を利用する目的：
① 特許は20年で切れるが，ノウハウを永久に保持したいため
② 特許出願すると1年半後に公開されることから真似されるリスクを回避したいため

(4) 先使用権のまとめ

　ベンチャー・中小企業は制度化されていない知的財産を多く利用している。その背景には，特許など制度化されている権利を利用できる人材・資金が不足しているという事情もある。しかし，アンケート結果の分析からも明らかなように特許など制度化された権利を取得しても侵害されると対応ができない上に，特許を出願することで技術が公開され模倣される原因となることから敢えて技術を秘匿するという考えが存在する。

　このような事情を考えれば，例えば販売した商品から模倣が容易にできるような独自技術は積極的に特許化し，模倣されても立証が難しいような独自技術

は，秘匿するなどの戦略を検討すべきであろう。その秘匿の欠点である他社による特許化されることにより，自社が自由に生産できなくなるリスクを回避するために"先使用権"を積極的に活用すべきである。

先使用権を立証するためには研究開発から発明完成，事業準備に至る客観的な証拠を作成する必要がある。しかし必要な証拠類は，先使用権の立証のため以外にも利用される書類が中心で，単にそれらの書類を客観的に評価できるように整然と作成することを心掛け，事業開始などポイントにおける方針決定の事実を明確化し，確定日付などにより時期の明確化を計ればよいのである。寧ろ費用的には，防衛特許を多く出願するよりも安く，先使用権の確保は可能なはずである。

先使用権でガードされた知的財産と特許など制度化された知的財産の双方の利点を活かし，両方の知的財産を組み合わせれば，ベンチャー・中小企業にとって，費用を節約して，模倣されにくい，他社の技術動向に左右されずに生産が継続できる知的財産を構築できるはずである。

3 判定制度

特許庁の判定制度は，従来あまり利用されていないが，ベンチャー・中小企業のための知的財産戦略を考える上で，費用・手続などから見て有効な防御手段となるのではないかと考えられる。

(1) 制度の概要

① 制度の特徴

現行の判定制度は，昭和34年に創設され，当事者の請求に基づいて，対象物件などが特許，実用新案，意匠，商標の権利範囲に属しているかどうかを，特許庁が判断するものである[114]。この制度では，知的財産権の登録の専門官庁である特許庁が，その専門的な知識・判断力を利用して権利関係の存否の判断を行う[115]。特許庁による判定の結果は，権威のある判断であると言え，当事

者が有効に活用することにより無用な紛争を防止できると考えられている[116]。

判定の法的な性質は特許庁による意見表明であり，当事者，第三者を法的に拘束するようなものではない[117]。しかしながら経験豊富な特許庁の審判官が公正に技術専門性の高い判断をするものであるから，紛争を解決するために利用できると考えられる[118]。

判定は（鑑定であるとされ），公権力の行使ではないことから，不服申し立てはできないと解されている[119]。不服申し立てができないことから判定は結論が早く出る一方で，結果を修正する方法はなく，手続は慎重に行う必要がある。

---

114 特許法第71条は，「第1項　特許発明の技術的範囲については，特許庁に対し，判定を求めることができる。第2項　特許庁長官は，前項の規定による求めがあつたときは，三名の審判官を指定して，その判定をさせなければならない」などと定めている。実用新案法第26条は特許法第71条を準用。意匠法第25条は，「第1項　登録意匠及びこれに類似する意匠の範囲については，特許庁に対し，判定を求めることができる」としている。商標法第28条は，「第1項　商標権の効力については，特許庁に対し，判定を求めることができる」としている。

115 竹田［2006］，413頁は，判定により権利を「侵害するのか，侵害しないのかについて，簡単な手続きにより，権威のある判断が得られるとすれば，企業にとって極めて好都合である」としている。

116 竹田［2006］，413頁は，「将来のトラブルを避けるために求めうる，客観的で権威ある鑑定であるということができよう」と述べている。

117 昭和43年4月18日，最高裁は「判定は，特許等に関する専門的な知識経験を有する三名の審判官が公正な審理を経て行うものではあるが」，「所詮鑑定的性質を有するにとどまるものと解するのが相当である」と判示した。（裁判例情報　http://www.courts.go.jp/）本判決の趣旨について，梅本［2000］，93頁は，「当事者間に直接的な法的効果を生じない」が「間接的な法的効果」まで否定しているわけではないとしている。

118 園田［1996］，1883頁は，「判定は，審査・審判を長年経験した審判官がその能力を駆使して判断するものであるから，その判断は本来十分に説得力を持ち得るはずのものである」としている。また，竹田［2007］，590頁でも，判定の法的性質について，「判定の果たしている社会的機能や，それが知的財産権の侵害訴訟に与える現実的な影響を考慮すると，『特許庁の単なる意見の表明』とする判示」（前掲昭和43年4月18日，最高裁判決）は，「法的評価として妥当性を持つとはいえない」としている。

119 昭和43年4月18日，最高裁判決（裁判例情報　http://www.courts.go.jp/）。

② 判定を請求できる主な場面

以下のような場面において，判定を請求することができる。

a　特許権者（含む実用権者，意匠権者，商標権者：以下原則として省略）が，実施または実施していた第三者を相手方（相手なしの請求も可）として請求する場合（権利侵害の確認）。

b　特許権者以外の者が，特許権者を相手方として，自分で実施または実施しようとするものについて請求する場合（非侵害の確認）。

c　特許権者が，自分で実施または実施しようとするものについて，相手方なしで請求する場合（特許製品の確認）。

③ 利用効果

a　請求人が権利を侵害されたと考えた場合に侵害の事実を確認し，警告を発したり，交渉を有利に進めたりすることができる。

b　請求人が新しい事業を開始する前に，他者の特許権などを侵害していないことを確認することができる。

c　請求人が新製品を開発する場合に自己所有の特許権などで保護された商品であることを確認することができる。

④ 裁判所の判断との関係

判定の結果は上記の他に，税関への申立，警察への告訴，仲裁機関への申立て等における参考資料あるいは証拠資料など種々の使い方がなされる。

そこでまず問題となるのは，権利関係を争った場合の裁判所の判断との同一性である。以前は判定において判断される「技術範囲」と，裁判所で判断される「権利範囲」は異なるとする見解（二元論）があった。この見解によると「技術範囲」よりも「権利範囲」の方が，広いこととなり，判定と裁判の判断が異なる場合が想定された。現在は立法趣旨に反するとして，二元論は少なくなっており[120]，判定と裁判所の判断は，本来同一の基準でなされると言える[121]。

つぎに問題となるのは，特許庁の判定において文言上から権利に「属さない」と判断されるものについて，裁判所が行う実質的には同じという「均等」の判断（均等論）を判定ではしないとの説があり，裁判所の判断（均等論）と差があるとされていた。しかし最高裁判決[122]を受けて，1998年7月1日から判定制度においても，技術的範囲の確定にあたって均等を判断基準に入れることとされるようになった[123]。

これらのことから，特許庁の判定の判断は裁判所の判断と同一基準でなされ，さらに実質的には差異がない（均等）という判断も裁判所と同様に行われ信頼性の高いものとなっている[124]。

実際に同じ事案において，判定と裁判所の判断が出た過去の事例を，特許第2委員会第1小委員会（日本知的財産協会）が分析している[125]。同委員会の分析によると1999年～2011年に判定請求され判定公報に記載された特許474件，実用新案112件の内で訴訟に至る割合は約10％で，判定制度が裁判によらない紛争解決手段として有効であることが示唆されている。そして訴訟に至った事案の中で，判定，裁判がともに属否に関する結論を出した件数は21件で，**表6-3**のとおり，判定と裁判の結果が同じであったものが15件で異なったものが6件であった。

また同委員会が行った2002年の調査においては，**表6-4**のとおり，判定，裁判がともに属否に関する結論を出した8件は上級審の判断まで見ると全て同

120　竹田［2006］，414頁は，「今後技術的範囲と権利範囲（保護範囲）を区別する考え方は少なくなるであろう」としている。
121　平成10年2月24日，ボールスプライン軸受事件の最高裁判決（裁判例情報　http://www.courts.go.jp/）も，一元論に立脚している。
122　平成10年2月24日，ボールスプライン軸受事件の最高裁判決（裁判例情報　http://www.courts.go.jp/）。
123　特許庁審判部［1998］，1頁は，「先の平成10年2月の最高裁判所の判決にもとづいて均等物についての判断も，特許庁の判定において判断することといたしました」としている。
124　特許第2委員会［2002］，597頁は，判定制度は「裁判所での判断と実質的に同じプロセスで検討が加えられている」としている。
125　特許第2委員会第1小委員会［2014］，77～92頁。

表6-3 判定と裁判所の判断が同じ事案で出たケース①

No.	判定番号（審決日）	事件番号（判決日）	判定と裁判の比較
1	2000-60125（H.13.6.13）	名古屋地裁平成11(ワ)541（H14.1.30）	相違
2	2004-60055（H17.9.7）	東京地裁平成18(ワ)6663（H20.3.13）	相違
3	2006-60035（H19.4.27）	知財高裁平成21(ネ)10006（H22.5.27）	相違
4	2009-600006（H21.5.12）	知財高裁平成23(ネ)10002（H23.9.7）	相違
5	2011-600010（H23.7.6）	知財高裁平成22(ネ)10031（H23.1.31）	相違
6	2000-60105（H13.3.19）	東京高裁平成13(ネ)2818（H14.10.29）	相違
7	2002-60076（H14.12.20）	大阪地裁平成14(ワ)10511（H16.10.21）	同一
8	2000-60110（H13.1.24）	東京地裁平成10(ワ)3032（H12.7.18）	同一
9	2004-60058（H17.2.22）	知財高裁平成18(ネ)10005（H18.5.15）	同一
10	2006-60020（H18.8.23）	大阪地裁平成18(ワ)12773（H20.5.8）	同一
11	2009-600047（H22.3.29）	東京地裁平成22(ワ)31756（H24.2.22）	同一
12	2000-60007（H12.6.8）	大阪高裁平成14(ネ)2776（H15.2.27）	同一
13	2008-600010（H20.4.8）	地裁高裁平成19(ネ)10075（H21.1.27）	同一
14	2002-60107（H15.5.2）	東京地裁平成15(ワ)16924（H19.2.27）	同一
15	1999-60082（H13.1.11）	東京高裁平成13(ネ)1213（H13.11.29）	同一
16	2004-60049（H17.3.24）	地裁高裁平成21(ネ)10062（H22.3.10）	同一
17	1999-60074（H12.3.1）	東京地裁平成13(ワ)7153（H14.10.31）	同一
18	2001-60083（H13.10.17）	東京高裁平成15(ネ)1118（H16.5.31）	同一
19	2001-60012（H13.5.29）	東京高裁平成14(ネ)1304（H14.10.31）	同一
20	2003-60090（H16.6.7）	東京地裁平成15(ワ)16055（H16.5.28）	同一
21	2006-60039（H19.5.18）	大阪地裁平成20(ワ)6226（H21.6.4）	同一

出所：特許第2委員会［2014］の表より作成。

一の判断となっていた。判定により概ね裁判の結論は予想ができるとものと言えよう。

　さらに特許庁の判定は，本来的には技術的範囲における属否を判断する手続

126　特許第2委員会［2002］，604頁は，「判定のケースにおいて先行技術を提示して無効主張を行っている者もいるが，特許庁は判定制度の中で特許無効主張については一切考慮しない」としている。

表 6 - 4　判定と裁判所の判断が同じ事案で出たケース②

No.	判定番号（審決日）	事件番号（判決日）	判定と裁判の比較
1	S39-139他（S40.9.6）	大阪地裁昭和48(ワ)5569（S52.10.28）	同一
2	H08-60013（H10.4.6）	東京高裁平成11(ネ)0855（H13.2.27）	同一
3	H06-60045（H08.3.25）	東京高裁平成08(ネ)2394（H09.1.30）	同一
4	H08-60002（H09.3.21）	大阪地裁平成08(ワ)1635（H12.12.12）	同一
5	2000-60010（H12.7.21）	大阪高裁平成11(ネ)0018（H13.1.30）	同一
6	H09-60014（H09.5.19）	東京地裁平成09(ワ)9112（H11.8.31）	同一
7	H11-60067（H12.9.27）	東京地裁平成11(ワ)21280（H13.4.12）	同一
8	H11-60082（H13.1.31）	東京地裁平成12(ワ)992（H13.1.31）	同一

出所：特許第2委員会［2002］の表より作成。

きであり，例えば特許そのものを無効とする主張などはできない[126]。さらに特許の枠外に存在する先使用権の主張もできないとされている。これらの点は，判定を利用する際に特に注意を要する。

⑤　判定の利用状況

特許第2委員会の調査[127]によると1999年から2011年における判定公報に記載の判定の請求件数は，特許が474件，実用新案が112件で，請求人は個人および資本金3億円未満の中小企業が65％を占めている。そして最近の判定の利用件数は**表6-5**のように推移している。

判定の利用目的については，2005年に(財)知的財産研究所が実施したアンケート調査[128]によると**図6-6**のとおり侵害警告と法的措置，交渉のためが多い。

⑥　判定の仲裁機能

2002年に公表された『知的財産戦略大綱』は，紛争処理に係る基盤の強化の

127　特許第2委員会［2014］，79〜80頁。
128　1998年〜2004年に判定事件に関わった257社・人（含む大企業97社，中小企業132社）に対して実施されたもので回収率は21％。

表6-5 判定制度の利用件数

	特許実用新案	意匠	商標	合計
2006	26	32	14	72
2007	59	35	12	106
2008	31	4	12	47
2009	33	10	7	50
2010	41	19	12	72
2011	35	17	4	56
2012	35	15	4	54
2013	29	14	7	50
2014	40	14	8	62
2015	29	6	2	37
2016	97	7	6	110

出所:特許庁［2017］総括統計の表より作成。

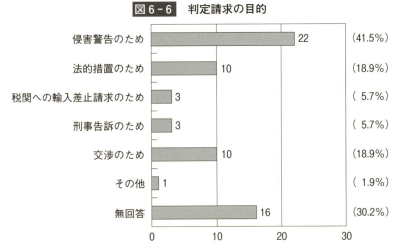

図6-6 判定請求の目的

- 侵害警告のため　22　(41.5%)
- 法的措置のため　10　(18.9%)
- 税関への輸入差止請求のため　3　(5.7%)
- 刑事告訴のため　3　(5.7%)
- 交渉のため　10　(18.9%)
- その他　1　(1.9%)
- 無回答　16　(30.2%)

出所:㈶知的財産研究所［2006b］，445頁のグラフより。

ために，「仲裁等の裁判外紛争処理手続（ADR）の強化を図るべきである」と指摘している。知的財産推進計画2005は，「特許庁の判定制度とADR機関との適切な役割分担について」引続き制度を整備するとしている。現在の日本にお

表6-6 特許庁の判定と日本知的財産仲裁センターの判定の比較

	特許庁の判定	日本知的財産仲裁センターの判定
請求人	①権利者 ②侵害被疑者 (不特定の相手も可)	①権利者 ②侵害被疑者(単独判定も可)
請求実績 (平成16年)	101件 (うち被請求人なし5件)	6件 (うち単独判定6件)
判断主体	3人の審判官による合議体	弁護士1人,弁理士1人の原則2人
審理方式	原則書面審理	口頭審理
審理内容	権利範囲の確認(均等範囲含む)	①権利範囲の確認(均等範囲含む) ②権利有効性の判断
公開性	公報発行	非公開
費用	4万円	31.5万円(単独判定) + 10.5万円(口頭審理期日手数)
費用負担	請求人	請求人
法的拘束力	なし	なし
不服申立	なし	なし

出所:産業構造審議会知的財産政策部会[2006],161頁の表より作成。

いて,紛争をスピード処理する仲裁などのADRは未整備な部分が残っているが,特許庁の判定は知的財産を扱う数少ない仲裁機能をもった制度と言える。

判定は,紛争当事者双方が判定の結果に従うとの合意の下に利用することにより,ADR機能を持つことができる[129]。表6-6のとおり,判定は特許庁の審判官の合議体により行われることから信頼性も高く,費用も安いことから,専

---

129 仲裁とは,仲裁法に定められた紛争解決手続であり,裁判によらず仲裁人の判断に従う旨の当事者の合意により開始される。
130 産業構造審議会知的財産政策部会の第5回紛争処理小委員会(平成14年9月30日)(https://www.jpo.go.jp/shiryou/toushin/shingikai/tizai_funsou_5_paper.htm)は,判定制度について,本格的なADRとして強化拡充する案の他に,廉価で民間ADRを圧迫しており廃止するという案も提言した。また,知的財産推進計画2005を受け,日本知的財産仲裁センターからも判定制度の廃止を求める意見が,平成18年1月27日に出されている(http://www.jpo.go.jp/iken/pdf/iken_tokkyo_kekka2/18.pdf)。

門仲裁機関である日本知的財産仲裁センターよりも多く利用されている[130]。

ただし，判定の結果は原則として公開され，企業戦略上利用しにくい場合がある点には特に注意を要する[131]。

(2) ベンチャー・中小企業の知的財産戦略の問題点

ベンチャー・中小企業が業務を推進する上で，知的財産に関して遭遇している問題点を㈶知的財産研究所が2004年に実施したアンケート[132]の結果を中心に検証してみる。

① トラブル発生の頻度

a．自社の知的財産権を侵害されたケース

本アンケートにおいて，国内で知的財産権を侵害されたと答えた企業は，**表6-7**のとおり，23.1％でその内の半数（52.4％）は**表6-8**のとおり特許権などの高度な技術を侵害されたとしている。さらに侵害されたとする企業の研究開発比率を見ると，研究開発型企業の侵害比率が高い傾向が見られる。

つぎに侵害されたと判断した場合の対応に関する質問に対しては，69.7％が弁理士・弁護士に相談と回答し，具体的な対策は講じられてないようである。その理由に関しては，**表6-9**のとおり，侵害調査が困難（43.6％），対処の仕方が分からない（39.3％），費用対効果を考慮した結果（35.7％）と回答してい

---

131 上述の2005年に㈶知的財産研究所が行ったアンケート結果によると，判定の結果を公表することに関し，賛成24.5％，どちらかといえば賛成28.3％，どちらかといえば反対26.4％，反対15.1％，無回答5.7％と，賛成派の方がやや優勢であるが，これは権利侵害主張の場面で主に利用されるという事情があろう。

132 ㈶知的財産研究所［2005］，3頁によると，このアンケート調査は「我が国の中小企業・ベンチャー企業における知的財産に対する取組の実態や知的財産をめぐる問題点等を把握することを目的として行った。調査対象企業は，特許や商標等をこの3年間で出願した経験のある中小企業，及び独自の技術力を持つ企業が多いとされる東京都大田区や東大阪市の中小企業のうち，公開データベース等から無作為に抽出された7,014社である。回収結果は，郵送・電話回線を合わせて2,122社（回収率30.3％）であり，有効票に基づいて集計を行った」。回答企業には，「独自の技術力や製品を事業の中心とする比較的少数の企業」と「新たな独自技術や製品への取組が低い多数派の企業」が含まれているとのこと。

表6-7　国内で知的財産権を侵害されたことの有無

権利を侵害されたことの有無	%
ある	23.1
なし	76.9

有効回答数（無回答除き）＝1015社
出所：(財)知的財産研究所［2005］図表5-4-1より作成。

表6-8　侵害された自社知的財産の種類（複数回答可）

知的財産の種類	%
特許権	52.4
商標権	28.6
実用新案権	21.4
意匠権	21.0
不正競争防止（営業秘密等）	11.0
著作権	10.0
回路配置利用権	0.0
育成者権	0.0
その他	1.9

有効回答数（無回答除き）＝210社
出所：(財)知的財産研究所［2005］図表5-4-1(1)より作成。

表6-9　対応していない理由（複数回答可）

理由	%
侵害調査が困難	43.6
対処の仕方が分からない	39.3
費用対効果を考慮した結果	35.7
対処にかかる費用が予想できない	23.6
自社の知的財産の価値が評価できない	18.6
取引先等の権利主張がしづらい相手方であるため	15.7
社内組織体制を組むのが困難	9.3
相手方が資金・人材の豊富な大企業であるため	8.6
その他	8.6

有効回答数（無回答除き）＝140社
出所：(財)知的財産研究所［2005］図表5-6-2より作成。

る。

b．他社の知的財産権を侵害していると追及されたケース

また同アンケートにおいて，**表6-10**のとおり，国内の他社知的財産権を侵害していると追及されたことのある企業は，17.7％で，その権利の種類の内の半数（49.7％）は**表6-11**のとおり特許権となっている。

上記をまとめると，自社権利を侵害された企業（23.1％），あるいは逆に他社権利を侵害していると追及された企業（17.7％）は，企業経営に対する影響の大きさを考えれば，何れも決して少なくない。むしろ何れかのトラブルが発生した企業はかなり多いこととなる。

表6-10　国内で知的財産権を侵害したと追及されたことの有無

権利の侵害を追及されたことの有無	％
ある	17.7
なし	82.3

有効回答数（無回答除き）＝1029社
出所：㈶知的財産研究所［2005］図表5-5-1より作成。

表6-11　侵害を追及された他社権利の種類（複数回答可）

知的財産の種類	％
特許権	49.7
商標権	26.3
意匠権	18.7
実用新案権	17.5
不正競争防止（営業秘密等）	5.3
著作権	4.1
回路配置利用権	0.0
育成者権	0.0
その他	0.0

有効回答数（無回答を除き）171社
出所：㈶知的財産研究所［2005］図表5-5-1(1)より作成。

② 知的財産の保護に関する公的支援への要望

同アンケートによると表6-12のとおり，紛争の際の窓口，侵害調査，安価で迅速な仲裁などのサービスの提供が期待されている。

③ 知的財産に関する情報を利用する時

同アンケートによると企業は，データベースなどの特許関連の情報を表6-13

表6-12 企業から要望のある公的支援策（3つまでの複数回答可）

期待されている措置	%
知的財産紛争に関する相談窓口の拡充	48.3
公的機関による侵害調査支援	41.9
中小企業の訴訟費用の軽減措置	31.6
安価で・迅速に調停または仲裁してもらえる制度	31.0
侵害に対する調査や交渉などにかかる経費への資金的な支援制度	29.9
弁護士・弁理士の専門性や経験が確認できるシステム	23.5
知的財産紛争に強い弁理士や弁護士等の育成・増強	19.2
その他	17.3

有効回答数（無回答除き）532社
出所：㈶知的財産研究所［2005］図表7-6より作成。

表6-13 知的財産関連情報を必要とする時（複数回答可）

必要とする時	%
出願時	72.0
新技術の開発前	54.1
競合他社の動向調査	46.7
審査請求時	23.3
他社権利の無効化	10.5
連携先・取引先の調査	9.9
自社権利の権利行使時	8.9
特許等の流通時	8.5
その他	1.0

有効回答数（無回答除き）497社
出所：㈶知的財産研究所［2005］図表2-14-2より作成。

のような時に利用しているとのこと。出願時は当然として，新技術の開発前ないし競合他社の動向調査時点で多く利用されている点に注目したい。

(3) ベンチャー・中小企業による判定制度の活用

① ベンチャー・中小企業が利用する上での特徴

上述の2005年のアンケート結果によると判定を選択した理由として，図6-7のとおり，公的機関であることによる信頼感が最も多く，つづいて費用の安さ，決定までの速さなどが上げられている。特にベンチャー・中小企業にとっては，この信頼性，安さ，速さは重要な要素である。よって費用が高く，長期化する訴訟などは，経営戦略上避ける必要がある[133]。この制度は，上述のとおり，大企業の特許などの件数の多さを勘案すると，相対的に中小企業と個人の利用度合いが高いが，大企業はクロスライセンスなどの策を講じることにより紛争を未然に防ぐなどの他の方法を用い[134]，紛争が解決できない場合は訴訟を選択しているものと考えられる。この制度の利用は年間で100件程度と目下のところ低調であるが，相対的に中小企業・個人が多く利用しているところに特徴がある。

② 利用できる局面

上述のとおり，特許権を中心とした知的財産権を侵害されたり，侵害されたと追及されたりするなど，トラブルの経験を持つベンチャー・中小企業はかな

---

[133] 特許庁審判部［1998］，4頁は，判定は「裁判費用等の負担が重荷となるベンチャー企業，中小企業にとって，有効に活用できる制度と思われます」としている。産業構造審議会知的財産政策部会［2006］，156頁は，「特許庁の判定は，公正・公平な判断を安価且つ迅速に提供する機能を備えるものであり，中小企業，個人を中心に利用の高いものといえる」としている。

[134] 園田［1996］，1884頁は，「大企業は多くの優秀なスタッフを擁しているので，判定にゆだねるまでもなく，自前で問題を適切に処理できているということかもしれない。あるいは大手企業間では日頃から意思の疎通に努めており，この意思の疎通を基礎として問題を処理しているからかも知れない」などとしている。また，産業構造審議会知的財産政策部会第5紛争処理委員会資料2，5頁は，判定をADRとして見た場合「特許庁自身が最終的な紛争解決に関与」しないなど「紛争解決手段として不十分な面があり」，「多くの企業が利用に踏み切らない」としている。

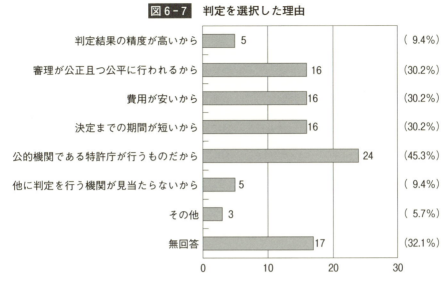

図6-7 判定を選択した理由

出所：㈶知的財産研究所［2006b］，448頁のグラフ。

り多い。その一方で，対応に苦慮して適切な対策を講じられないベンチャー・中小企業が大半なようである。さらに新技術の開発前ないし競合他社の動向調査において関連情報のニーズが高くなっている。これらのことから，判定制度が，つぎのような局面で活用できると思われる。

① 権利侵害を受けていると考えられるベンチャー・中小企業などが，侵害の確認を行う場合（図6-8のa社）。

② 一つないし複数の事業計画を保有しているベンチャー・中小企業などが計画推進を決定ないし優先すべき事業を選択するために非侵害を確認する場合（図6-8のb社）。ただし，判定請求書の副本が被請求人（図6-8では大企業）に送達され，また判定の結果が審決公報に掲載されることから，自社の戦略が知られてしまうリスクがある点には，注意を要する。

③ 自社製品が特許などの知的財産権で保護されている製品であることを確認する場合（図6-8のc社）。

④ 他社より権利侵害を追及され非侵害を確認する場合（図6-8のd社）。

図6-8 判定が利用できる局面

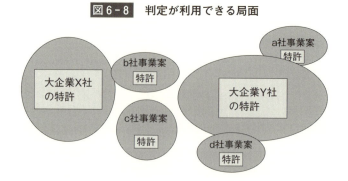

(4) 判定制度のまとめ

　ベンチャー・中小企業が自社の知的財産権を侵害されたり，他社の権利を侵害したと追及されたりと，トラブルを経験している企業は，かなり多いようである。さらにトラブルが起きると適切な対応ができず，また訴訟ともなると費用も嵩み，解決まで長期間を要することから，泣き寝入りとなっているケースも多いように思われる。また新技術の開発時点における他社技術への非侵害の確認などのための公的なサービスのニーズも高いようである。

　特許庁の判定は，3人の特許庁の審判官の合議により判断が行われ，信頼性が高い。このことから，紛争当事者が判定の判断に基づいて，早期に和解することも可能である。あるいは当事者の合意の下，制度の仲裁機能を利用することで，比較的に安い費用で紛争を早期に解決することも期待できる。

　特許庁の判定は，他の組織のサービスと比較しても費用が割安で，速く，技術専門性の高い判断が得られるので，ベンチャー・中小企業が利用する上で，大きなメリットがある。

　これらの点から，ベンチャー・中小企業が，権利侵害などのトラブルに巻き込まれそうになった場合，あるいは事前に紛争を防止するために他社権利を侵害していない確認を行うなどの手段として，特許庁の判定はベンチャー・中小企業が利用しやすい制度と言える。

《本章のまとめ》

　ベンチャー企業は，極めてイノベーティブな技術を開発しており，その発明を育てるためには，発明を知的財産として確保する必要がある。しかし，十分な資金と知的財産に精通した人材を十分確保できない上に，発明が行われた初期においては，その価値を評価することが，難しい場合が多い。そのことから，発明の当初は費用を節約しつつも権利としては十分確保できるような策が必要となる。この観点からベンチャー企業に相応しい，知的財産の構築方法を検討すると，**表6-14**の三つの権利ないし制度は，技術内容により異なるものの大いに利用を検討すべきものであると思える。国内優先権については利用がかなり増加している[135]。しかし先使用権と判定に関しては，知的財産に必ずしも

表6-14　ベンチャー企業に適した知的財産の構築策

活用制度	活用方法	資金調達力	コスト
国内優先権	行われた発明が，完全な状態でなくとも，まず特許出願を行い，出願中の技術として大企業などとの共同研究の交渉をし，研究資金を獲得する。獲得した研究費により発明を改良し，この優先権を主張して新規性，進歩性，明細書の補充を行い特許性を補強する。	先の出願後に特許出願中の技術として大企業などと交渉ができる。（資金獲得の武器）	出願が分かれ割高となる。ただし，2回目は発明の価値確認後でよい。
先使用権	多くのベンチャー・中小企業は人材・資金不足から技術を制度化された知的財産とせず営業秘密として社内に蓄積している。他社による特許化の事態に備え，先使用権の制度を利用して，リスクを回避すべき。比較的簡単に証拠を作成できる。	なし	原則，事務費（確定日付の費用など）
判定	他企業が保有する技術の周辺技術を開発し，ニッチなマーケットへ進出を検討しているベンチャーは，他社特許への抵触が気がかり。顧問弁理士の意見書に基づいて判断するよりも判定制度を利用することが効果的で割安。従来はあまり利用されていない。複数のアイデアがあれば，判定結果により進出マーケットを決定できる。	他社の特許に抵触しないとの判定書がでれば，資金調達に役立つ。	特許庁：4万円 弁理士：10万円が目安（作成資料による）

135　筆者が創業した大学発のベンチャー企業（創薬系）も本制度を多用している。本制度を利用することにより，発明が未完成であっても権利化することにより，大企業に発明の内容を開示して共同研究の交渉が行える。さらに論文発表などをすることも可能となり，大学の関係者の研究活動を妨げないことになる。

精通していないベンチャー企業の経営者には，あまり知られていない制度であると思われることから，ニーズとメリットも含めて本章にて検討した。アンケート結果などを分析するとベンチャー・中小企業には，この二つを利用する潜在的なニーズが存在し，利用するメリットも十分あるとの結論を得た。技術内容にもよろうが，費用対効果が高い制度であり，一層の利用を積極的に検討すべきである。

【参考文献】

Blackburn, R. A. [2003], *Intellectual Property and Innovation Management in Small Firms*. London, Routledge, 165p. (ISBN 0-415-22884-0)

Carter, E. A. and R. Millien [2006], *Little Blues-How to Build a Culture of Intellectual Property Within a Small Technology Company*. London, New York, Managing Intellectual Property, 127p. (ISBN 1-84374-271-3)

梅本吉彦 [2000]，「知的財産権をめぐる紛争予防と紛争処理」，(『知的財産研究所10周年記念論文集』)，知的財産研究所，88-97頁

恩田博宣 [2006]，「特許庁における判定請求の結果と裁判所における判断とが相違した事案」，(『知財管理』vol.56, No.2)，241-254頁

後藤晴男 [1986]，『国際出願と国内優先権』，発明協会

鮫島正洋編著 [2003]，『特許戦略ハンドブック』，中央経済社

鮫島正洋編著 [2006]，『新・特許戦略ハンドブック』，中央経済社

産業構造審議会知的財産政策部会 [2006]，「特許制度の在り方について」，(『知財ぷりずむ』vol.4 No.40) 155-165頁

財団法人知的財産研究所 [2005]，『中小・ベンチャー企業における知的財産の活用方策に関する研究会報告書』，3-11ページ，233-371頁

財団法人知的財産研究所 [2006a]，『新たな「知」の保護管理のあり方に関する調査研究報告書』

財団法人知的財産研究所 [2006b]，『産業財産権紛争を巡る現状に関する調査研究報告書』，67-81ページ，425-483頁

関水信和 [2007]，「ベンチャー・中小企業の知的財産戦略－欧米文献の分析を中心に－」(『CUC Policy Studies Review』第14号)，89-116頁

創英知的財産研究所編著 [2007]，『国内優先権制度の活用ガイド』，経済産業調査会

園田敏雄 [1996]，「判定制度の意義とその効用」，(『知財管理』vol.46, No.12)，1881-1894頁

竹田和彦［2006］,『特許の知識第 8 版』, ダイヤモンド社
竹田稔［2007］,『知的財産侵害要論（特許・意匠・商標編）第 5 版』, 社団法人発明協会
田村善之［2006］,『知的財産法第 4 版』, 有斐閣
特許第 2 委員会［2002］,「特許庁判定制度の実態とそのあり方」,（『知財管理』vol.52, No.5）, 597-611
特許第 2 委員会［2014］,「特許庁判定制度に関する一考察」,（『知財管理』vol.64, No.1）, 77-92
特許庁編［2006］,『別冊NBL No.111, 先使用権制度の円滑な活用に向けて』, 商事法務
特許庁［2017］『特許行政年次報告書2017年版』
特許庁総務部技術調査課［2006］,「先使用権制度ガイドライン（事例集）について〜戦略的なノウハウ管理のために〜」(『経済産業ジャーナル』第426号), 34-37頁
土肥一史［2002］,「特許法における先使用権制度」(『日本工業所有権法学会年報』第26号), 159-192頁
中山信弘編著［2000］,『注解特許法第 3 版上巻』, 青林書院
吉藤幸朔　熊谷健一補訂［1998］,『特許法概説第13版』, 有斐閣
山上浩［2007］,「『先使用権』の主張には入念な書類管理が不可欠」(『日経エレクトロニクス』), 160-167頁

【インターネット情報】

産業構造審議会知的財産政策部会第 5 紛争処理委員会資料 2 ［2002］,「判定制度のあり方について」
特許庁審判部監修［1998］,『特許庁の判定制度利用ガイド』,(財)通商産業調査会出版部

第7章 大学発ベンチャー企業の特徴と知的財産戦略

　本章では，技術系ベンチャー企業の中でも重要な大学発ベンチャー企業にスポットライトを当て，その特長である技術と起業される経緯を確認する。本書は知的財産戦略を主に扱っていることから，第3章において大学発ベンチャー企業を「大学で生まれた技術（知的財産）に基づいて起業されたベンチャー企業」と定義している。本章では欧米の文献などにおいても，ベンチャー企業の弱点と指摘されている"資金"を確保する方法，ベンチャー企業の唯一の資産である知的財産に関する戦略を検討する。さらに検討された戦略について，産学連携・大学発ベンチャー企業の関係者に対するヒヤリングを通して，その戦略の妥当性が検証される。

1　大学における起業と技術・発明の特徴

　大学発ベンチャー企業の技術と起業が行われる背景を見てみよう。大学発のベンチャー企業の技術は，革新的ながら基礎的技術が中心である。そのことから既存の企業などに売却することが難しい技術であるということができる。この点をシェーン教授は「大学に限らずどこかで発明された新技術」は，「往々にして『価値がない』『効果がない』といった理由で拒絶されてしまう。ラディカルな技術に対する既存企業のこのような拒絶が，その技術を開発するベンチャー企業を作る人々にとっての起業機会を創り出すのである」としてい

る[136]。

　また渡部俊也教授は，「大学で生まれる発明は，基本原理の証明，あるいは実験室での試験器レベルであり，事業化のためにはそれをユーザー候補に提示可能なプロトタイプ（試作品）に仕上げ，さらに製品化しなければならない」とし，さらに大学発ベンチャー企業に投資しているベンチャーキャピタルが分類したところ，**表 7-1** のタイプ 2 の「発明者が大学との兼務で，かつ，技術開発の実質リーダーとなっているケースであり，全体の半数以上（63％）を占めていた」としている[137]。ベンチャーキャピタルが投資対象とするところまで成長したベンチャー企業に対する調査結果であり，大学発ベンチャー企業の場合は，発明者が自ら深く関わって事業を推進する必要があることを示唆している。さらに渡辺俊也教授は大学で生まれる発明は製品化される「プロセスに当該技術開発に関するさまざまな知見やノウハウ（暗黙知も含めて）をもった発明者が一貫して関与しないと開発効率はあがらない[138]」としている。

　暗黙知（tacit knowledge）とは，ハンガリー生まれの物理学・社会科学者マイケル・ポラニー（Michael Polanyi　1891-1976）が著書「The tacit dimension」（1966年）の中で提唱した概念である。野中郁次郎教授によれば，「ポラニーのアイデアを実際的な方向に拡大」し，「暗黙知は，知っていても言葉には変換できない経験的，身体的なアナログの知」であり，「言葉や文章で表すことの難しい，思い（信念），視点，熟練，ノウハウなど」として，「形式知（explicit knowledge）」つまり「文法にのっとった文章，数学的表現，技術仕様，マニュアル等に見られる形式言語によって表すことができる」「明示的な知」に対照をなす概念としている。もっとも，本章にて使われる「暗黙知」という表現は，単に文章では説明できないノウハウや技巧といった意味で用いられている場合が多いように思われる。

136　Shane [2004], p.91.
137　西村・塚本 [2005], 120頁。
138　西村・塚本 [2005], 120頁。

表7-1 大学発ベンチャー企業と発明者の関係

発明者の経営への関与の度合い	発明者と記述開発の関係		
	①型：発明者がフルタイムCEOあるいはCTO	②型：企業側にコア開発者が在籍せず，発明者が全般的に開発に関しての指導が必要	③型：企業側にコア開発者が在籍し，発明者は助言程度
Ⅰ型：大学等を退職・休職して経営に参画	タイプ1		
Ⅱ型：非常勤役員として兼務し，強い発言力を持つ		タイプ2	タイプ4
Ⅲ型：顧問として兼務し，経営に強い発言力を持つ			
Ⅳ型：非常勤役員として兼務しているが，経営に関与しない		タイプ3	タイプ5
Ⅴ型：顧問として技術面のみ関与し，経営には関与しない			

出所：西村吉雄・塚本芳昭責任編集『MOT産学連携と技術経営』119頁表8-4「企業経営分類」。

　新しい基礎技術は，極めて革新的である可能性を有しているが，既存の企業にとって従来の理論とは全く異なる理論であることなどから，容易に理解できない場合が多い。さらに大学で生まれる技術に関しては，明文化されにくい部分（暗黙知）も存在することから一層理解されにくく，既存企業への移転が困難となる。

　この点について，シェーン教授は，「大学の新しい技術の開発に必要な知識が暗黙知である。あるいはその多くがまだ発明者の頭の中にある場合，技術開発に必要な知識の明文化・文書化がなされているときと比較して，ベンチャー企業の設立がより一般的である。発明を発明者以外の者にライセンス供与する際，その効果が最も高まるのは，その技術の明文化が可能で，契約書や特許文書化が可能で，契約書や特許文書からその内容が理解できる場合である。しかも，もしそれが暗黙知である場合，潜在的なライセンシーは発明者と同じよう

には発明者の技術の内容を理解できない[139]」と指摘している。

 そして発明者が大学発ベンチャー企業を創業する動機について，シェーン教授は次のように述べている。「発明者は，既存企業への発明のライセンス供与に失敗したときに大学発ベンチャーを創業する，と一部の研究者によって指摘されてきた。発明者がベンチャー企業を創業するのは，発明者の予備知識が，新しく発明された大学技術の中に起業機会を発見する企業家の能力を高めるからであり，こうした発明者のもつ暗黙知のために，他の人にはわからない発明の価値を理解することができるからである。」「発明者は他者より発明の価値をよく知っているため，既存企業へのライセンス供与に失敗するとしばしば，自らベンチャーを創業するということには，過去の研究が実証的裏づけを与えている[140]」と。

 筆者が大学発ベンチャー企業の関係者に対して行ったヒヤリング調査[141]（以下，ヒヤリング調査）の－調査結果表章末尾に添付－によると，暗黙知の存在を「あまり意識したことはない」（面談者5）という意見（大学出身の発明者）も一部にはあったが，大半は「暗黙知の存在が技術を既存企業に移転する際の障害となり，発明者が起業することに結びつくとのシェーンの見解は，日本企業においても十分当てはまる」（面談者1），あるいは「発明者（大学の教官）の持つ暗黙知の存在により，技術移転は双方にとって難しいものとなる」（面談者2），あるいは「暗黙知の存在が教官がベンチャーを立ち上げる原因の一つである」（面談者3）あるいは「暗黙知が存在する。企業化する（予定）原因は，自分でないと育てられないと考えるため」（面談者6）などと暗黙知の存在が発明者自ら起業する主要な要因であるとする意見が多かった。要するに，明文化ないし特許化しにくいノウハウないし知識（暗黙知）の存在が教官に起

139　Shane［2004］, pp.93-94.
140　Shane［2004］, p.176.
141　平成20年1月－10月筆者が，大学発ベンチャー企業・産学連携の関係者（含む起業家，投資家，研究者）17名に対して個別面談を実施し，主に特許戦略・起業の動機と暗黙知・主要製品以外の製品開発などに関する意見を聞き取り調査したもの。

業を行わせる主要な要因の一つであると言えよう。

結果として，暗黙知の存在から既存企業への移転が困難となり，発明者自らが起業したり，深く係わったりしているようなベンチャー企業の場合は，特許以外のノウハウを保有し，複数の発明が生まれやすい状況となる。

2 大学発ベンチャー企業のための資金管理

第5章にて取り上げた欧米の文献においても，ベンチャー企業にとって，資金繰りが大変重要である点，再三指摘されている。経営管理において，損益管理よりもむしろ資金管理が重要とも言える。上坂卓郎教授は，「企業経営にとって資金繰りは極めて大切なポイントといえる。特にベンチャー企業はもともと『お金の入っているポケットがない』のでなおさらで」，「ベンチャー企業の成功には資金繰り（キャッシュマネジメント）が重要である」としている[142]。さらにベンチャー企業の中でも，「大学で発明された技術の開発レベルは原理が実証された段階であり，製品として販売可能と[143]」なり，さらにマーケットに受け入れられ売上金が入るまでは，越えなければならない長くて困難な道が続く，「この難しい局面を『死の谷』と表現[144]」する。

ベンチャー企業は高度な技術を保有しており潜在的な成長力を有している。しかし成長するための資金の調達が困難な場合が多い。さらに，日本では，ベンチャー企業のための金融サービスが米国に比べると十分と整っていないという事情も困難さを増大させている。東出浩教教授によると，米国では，「リスクマネーがかなり豊富に用意されている。中でもエンジェルと呼ばれる個人投資家の資金とベンチャーキャピタル（VC）資金，それに加えて株式市場がベンチャーの成長にとって重要な役割を演じている。」「日本を見てみると，こう

---

142 上坂［2006］，73，77頁。
143 西村・塚本［2005］，115頁。
144 西村・塚本［2005］，115頁。

したベンチャー成長にとって本来的に欠かせないはずのリスクマネーの供給が，残念ながら今まではあまりなかったといってよい」としている[145]。資金を生みだす事業を育てることができれば理想的であるが，通常は困難である。また特に大学発のベンチャー企業の場合，特にその技術は高度で革新的であることから既存企業への移転が困難で，起業される重要な要因の一つであることから，既存企業とのアライアンスも容易でない場合が少なくない。

　一般企業の商品サイクルを分析して財務資金を効率的に配分するために，ボストン・コンサルティング・グループが考案したPPM（Product Portfolio Management）という分析手法がある。これは「1960年代にボストン・コンサルティング・グループが開発した事業の位置づけを判断するためのマトリックス。グループの事業全体をいくつかの事業単位に分け，その位置づけを明らかにする。事業成長率を縦軸に，市場占有率で表現された相対的競争ポジションを横軸にとり，各事業単位を，その事業の規模に応じて大小の円で表し，上記の２つの指標によって図表上に位置づける。事業成長率の高低と相対的競争ポジションの大小によって，４つの象限（区分）に分けられる。どの区分に入るかにより，どれだけ全社的な収益に貢献し，どのような事業戦略を採択していくべきかが説明される」ものである[146]。水永政志講師は，ベンチャー企業の経営戦略の一つとして，このPPMは「効率的な資源配分のツール[147]」と述べている。また太田一樹教授も，「よく用いられる分析ツール[148]」として紹介している。さらに今村哲教授は，「企業は『金のなる木』から生み出す資金を使用して，新たなる『金のなる木』を育成することができるかが課題である。言い換えれば，ベンチャービジネスは，PPMを活用することによって，企業が所持している経営資源を社内の事業間分野で効率的，効果的に配分し，環境変化に対応したマーケティング戦略をする根拠となる[149]」と述べている。また

145　松田［2001］139-141頁。
146　林昇一・高橋宏幸編集代表『戦略経営ハンドブック』，中央経済社　132頁。
147　水永［2006］，60頁。
148　太田［2007］，100-102頁。

猪熊篤史は，企業内の特定の業務が「『金のなる木』，あるいは，現金収入の豊富な『花形製品』となって積極的な事業展開を支えている。」ベンチャー企業は「創業期を生き残り，成長軌道にのるために創業期の経営に十分な現金を供給する強固な事業をもつことが重要である[150]」としている。

また太田実は，ベンチャー企業の戦略として「既存の製品・サービスが成長を続けている時期にこそ，さらなるエンジンとなる製品・サービスを開発することが重要である。[151]」としている。

要するにベンチャー企業にも「金のなる木」ないし「十分な現金を供給する強固な事業」が必要とのことである。しかし，大半のベンチャー企業は残念ながらそのような環境になく，またそのような手段を獲得する方法に関しては，上記の各論者とも明確な説明をしていない。

松田修一教授は，「スタートアップ期のノーリスク資金の確保」策として，「製品開発までに長時間を要する技術ベンチャーにとって，リスクを伴わない毎月の収入を得る方法を考えなければなりません。保有特許等の専用実施権を販売してローヤルティー収入を得たり，企業家およびそのチームの技術力を生かし研究開発や製品開発を受託したりすることによって，ノーリスクでかつ安定した収入を確保します。ハイリスク・ハイリターンの技術ベンチャーには，大手と共同開発を行い，マイルストーン方式により，一定レベルの成果が得られると，次の研究開発資金の提供を受けるという方法もあります」と述べている。また「急成長期にかけての死の谷回避策」として，ファブレス生産，ＯＥＭ生産（販売リスク回避），大手企業とのアライアンスなどを推奨している[152]。これらは，リスク回避策として有効な手段であり，多くのベンチャー企業が実行している策である。

シェーン教授ら（Shane and Stuart）は，MIT発のベンチャー企業134社を対

149　今村［2006］，105頁。
150　猪熊［2005］，79頁。
151　秋山［2007］，30頁。
152　松田［2005］，130頁。

象として実証データの分析を試みている。そこでは，設立の際の特性ごとに，ベンチャーキャピタルからの出資を得るに至ったか，IPOにたどり着けたか，倒産に至ったかというイベント分析をしている。ここでベンチャーキャピタルからの出資というイベントの成否に着目すると，既存事業によって累積売上を有している企業ほど，ベンチャーキャピタルからの出資を受けていないという予想に反する調査結果が示されている（"Although it may seem counterintuitive, cumulative sales also has a negative effect on the hazard of VC funding."）とのこと[153]。一般的には，累積売上を有する順調なベンチャーに対しては，ベンチャーキャピタルは出資しやすいと思われるが，調査対象となった会社においては売り上げのない会社に比べるとむしろ増資に積極的でないことが示唆される。シェーン教授らは実証データを分析して，「売上の大きいベンチャーは，売上の小さいベンチャーと比較して，外部資金の必要性がより少ない」と述べている[154]。このことは，大学発のベンチャー企業が日本とは異なり，外部からの出資を受けやすい環境にある米国において，売上が既にあるベンチャー企業が，出資を受けられるにも拘わらず，受けずに経営が行える場合が，予想に反して多いことを意味している。つまり米国における調査によると「金のなる木」を持ちつつあるベンチャー企業は，現に資金調達に一定の余裕が出ていることが，示唆されている。

　大学発ベンチャーにとって資金管理は大変重要なもので，早い時期から「金のなる木」となるような事業を育てることにより成長資金を確保することができれば理想的である。シェーン教授が行った数少ない米国における実証研究もこのことを示唆している。

153　Shane and Stuart [2002], p.167.
154　Shane, Scott [2004], p.256.

3 大学発ベンチャー企業のための成長資金調達と知的財産戦略

　そこで，以下において大学発ベンチャー企業が比較的早い段階で，成長資金を獲得しやすくなる方法を検討する。その方法のヒントとなるのが，「金のなる木」を育てるという理想的な考えと大学発のベンチャーの特長である企業内に蓄積されている各種のノウハウ・豊富な関連技術（暗黙知）の存在である。そこで，各種のノウハウを利用して「金のなる木を育てる」というモデルが頭に浮かぶ。金のなる木を育て，その資金で革新的な技術の事業化を図るという考えである。そこで，まず気になるのは，各種ノウハウなどを利用して，実際に複数の商品・サービスを開発しているベンチャー企業がそもそもどの程度存在するのかという点である。主力商品の技術との関連性によるが，少ないわけではないようである。**表7-2**のとおり，「平成18年度大学発ベンチャーに関する基礎報告書」によれば，主力製品の技術を用いた関連商品を売っているベンチャー企業は，44.3％，主力製品の技術とは関係のない関連商品を売っているベンチャー企業は，13.8％存在している。前者は最終商品を開発する途中段階で，開発される中間的な商品などと思われる。また後者は，社内に蓄積されている各種のノウハウ・豊富な関連技術から開発される主力商品とは異なった副次的な商品などと思われる。前者か後者か，どちらがよりシナジー効果を発揮して「金のなる木」に育ちやすいかは，業種ないし技術内容などによって異なるはずである。特に前者については，その後実施された「平成27年度産業技術調査事業（大学発ベンチャーの成長要因施策に関する実態調査）」でさらに詳しい検討が行われた。この調査によると**表7-3**のとおり，コア技術を応用して，A.ラインナップを増やす，B.別の事業を新しく作る，という二つの比較において，A.は実施することでより売上高成長率が伸びたということである。

　ところで，大学発ベンチャー企業は，発明者が企業にかかわっているケースとかかわっていないケースが存在する。156頁の**図7-1**の左のスキームの多く

表7-2 主力製品以外の製品を売る大学発ベンチャーの社数・比率

(単位：N=325社，%)

	社数	比率
主力製品の技術を用いた関連商品を売上	144社	44.3%
主力製品の技術とは関係のない関連商品を売上	45社	13.8%

出所：㈱価値総合研究所『平成18年度大学発ベンチャーに関する基礎報告書』56頁図表Ⅳ-1-25：「主力製品・サービスの製品化以前の経営」より抜粋して作成。

表7-3 複数の製品を開発する大学発ベンチャーの比率と成長率

(単位：N=312社，%)

		実施率	従業員成長率		売上高成長率	
			実施	実施せず	実施	実施せず
A	当初に想定していた事業の周辺で，製品ラインナップを増やすために，コア技術の応用先を複数探索する	58.7	10.8	11.5	27.5	20.8
B	当初に想定していた事業だけでなく，別の事業を新しく作るため，コア技術の応用先を複数探索する	57.1	11.4	10.7	23.6	25.9

出所：野村総合研究所『平成27年度産業技術調査事業（大学発ベンチャーの成長要因施策に関する実態調査）』25ページ図表16　23個の「重要施策」と成長度との相関分析，29ページ図表19「重要施策」別一覧表より抜粋して作成。

は企業内でかかわっているケースであろう。**図7-1**の右のスキームの場合は，かかわっているケースとそうでないケースの両方が含まれていよう。左のケースは関連する技術・ノウハウ（暗黙知）が，起業後も豊富に存在し，主力商品とは異なる技術による"関連商品"の開発が可能で，右のケースでは，主力商品を開発する技術を使って中間的な"関連商品"の開発が可能である。また完全に一致しないかもしれないが，**図7-1**の左のスキームは，**表7-2**の「主力製品の技術とは関係のない関連商品を売上」る企業（45社，13.8％）となり，**図7-1**の右のスキームは，**表7-2**の「主力製品の技術を用いた関連商法を売上」る企業（144社，44.3％）となる場合が多いはずである。

そして，これらの企業は，主力商品以外に関連商品を売上ており，「金のなる木」を育てている企業が多く含まれていると言える。

図7-1 大学発のベンチャー企業の知的財産戦略

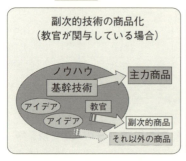
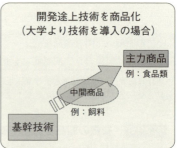

　シェーン教授は，「汎用技術はキャッシュフロー上の理由からも大学発ベンチャーの業績に好影響を与えるということが説明されている。汎用技術には複数の用途があるため，ベンチャーの創業者は，設立当初のキャッシュフローを確保する目的で技術をある市場に適用し，目的を達成した時点で，技術を別の，より大きな市場へと適用することが可能となるのである。MIT発ベンチャーの創業者に対する著者のインタビューでも，この点が支持されている[155]」と述べている。つまり複数の用途があるような汎用技術を持っているベンチャー企業の場合，速く売上に結びつく商品を先に開発して，よりチャレンジングな商品を開発することができるというのである。

　ところで，日本において大学発のベンチャー企業にとって，最終商品以外の副次的ないし中間的な商品を「金のなる木」に育てるという方法が成長資金を獲得する方法として，相応しいものかどうかという問題について，筆者が2008年1月～10月に行ったヒヤリング調査の結果は**表7-4**のとおりで，概要は以下のようなものであった。

　「本業以外に派生技術も事業化し活動資金源とする手法は良い方法と思う。当大学発のベンチャー企業にはあまりないユニークな経営手法である。ベンチャー企業は資金がネックとなる。中間的な商品あるいは主力商品以外の技術

155　Shane, Scott [2004], p.294.

商品を販売し研究費を獲得することは有効である。特許戦略もマッチさせるべき」（面談者1）とか，「設立当初は開発資金が不足したことから，開発が容易な有効成分の含有の少ないサプリメントより着手した。このサプリメントの収益を利用してその有効成分を飼料・肥料として利用する技術を開発した。単発商品をVCからの資金で開発する事業計画では成果によっては，資金の限界から事業を単独では継続できなくなるリスクがある」（面談者2）との意見があった。またベンチャーキャピタルの管理職によると，「広い意味におけるバイオの投資先企業において，主力商品開発の前に該当技術を利用して中間的な商品の販売を行っているベンチャー企業は3割程度。また主力商品以外の技術を利用して商品開発を行い，主力商品開発資金を調達しているベンチャー企業は1割強存在している。中間商品ないし他の商品を開発して主力商品を開発の資金調達を行う戦略は有効。それに合わせた特許戦略も効果的である」（面談者13）とのこと。さらに弁理士によるとベンチャー企業にとって，「中間的な商品あるいは主力商品以外の技術商品を販売し研究費を獲得することは有効。特許戦略もマッチさせるべき。基盤特許に基づいて共同研究を行い，資金を獲得するために特許化することは有効」な戦術であるとのことであった。

　また示唆深い意見として，「考えているのは会社設立後できるだけ早い段階でキャッシュフローを作り出し，企業としての一定の基盤を作りながら研究開発を進めていくというものです。ただし，限られた技術や特許しか持っていないベンチャーが多い。開発スピードの違う複数の商品・サービスの開発を行うことは，リスク軽減に大変役に立つと思います。ただ大事なのはそのことにより企業の方向性が分散しすぎないようにすることです」（面談者3）というものがあり，さらに「異なる技術で複数の事業を行うベンチャーは少ないはず。関係のない技術であれば二つのベンチャーとなる。木の幹のように元はつながった技術であれば理解できる。要は企業として，事業効率が良ければ可能なはず」（面談者16）というものがあった。また米国に駐在しているコンサルタントによると「米国のベンチャーで副次的な商品を開発し，主要商品の開発費を捻出しているようなところはまずない。ビジネスモデルにしたがい業務計画書

を作成しVCエンジェルより資金を集めることが十分可能であり，副次商品での資金収集の必要性が乏しい。日本と異なりマーケットなどからの資金の獲得は容易」とのことであった。

ここで，大学発ベンチャー企業が最終商品以外の副次的ないし中間的な商品を事業化して成長資金を獲得する方法の可否に関するヒヤリング調査の結果をまとめてみよう。

① 本業以外に派生技術も事業化し活動資金源とするのは良い手段
② 他の商品を開発して主力商品を開発の資金調達を行う戦略は有効
③ 一つの企業として，複数の商品を開発することの効率が良いか否かが重要
④ 米国では日本と比べると副次商品での資金収集の必要性が乏しい

このようにまとめることができ，日本のベンチャー企業にとって，複数の商品の事業化は基本的には良い方法であるが，社内で異なる商品の開発を同時に行うことに事業効率が求められるという結論となる。

ここで，大学発ベンチャー企業にとって，副次的ないし中間的な商品を開発する戦略が，有効であるとした場合の知的財産戦略を検討したい。まずベンチャー企業に大学の教官（発明者）が深く関与している場合は，主要製品を開発するための発明（特許）の他に，直接は関係しないような発明ないしノウハウが豊富に蓄積されている場合も少なくないはずである。そのような場合に，アントレプレナーは，主要商品が製品化されるまでの期間とコストを勘案し，成長資金を生むような事業（金のなる木）に育ちそうな発明ないしノウハウを積極的に特許化し，事業効率を検討して，事業化の可能性を模索すべきと考える。またベンチャー企業に大学の教官が深く関与していない場合も，主要商品の開発に期間を要するような場合は，中間的な商品開発の可能性を模索し，積極的に特許化を図るべきであろう。食料品を開発するベンチャー企業が中間商品として，動物用の飼料などを開発するようなケースがヒヤリング調査において見られた。何れにしても，ベンチャー企業のアントレプレナーは，自社で生まれる発明について，主力商品の開発と直接関係しなくとも，常に「金のなる

木」に育つ可能性がないかという目でよく検討し，可能性のあるものは積極的に特許化を図り，その後の技術の発展と市場ニーズの状況を見守るべきである。そして，このようにして策定された知的財産戦略が効率よく実行されるように，会社全体の経営戦略と適合させて，企業経営を行うことが重要と言えよう[156]。

《本章のまとめ》

　大学で生まれる技術・発明は極めて高度なものが多く，既存の企業には理解できないようなものも存在する。そのことから，大学で生まれた技術などを既存の企業に移転することは難しい場合が多い。さらに発明者が保有している技術には文書化ないし特許化が困難なもの（暗黙知）も多く，それにより既存企業が受け入れることを難しくしている面がある。自分の発明が既存の企業に受け入れられないことが，発明者（大学の教官など）が大学発ベンチャーを起業する主要な要因になっている。結果として大学の教官が起業した（ないし深くかかわった）ベンチャー企業には高度な技術に加え，文書化・特許化が困難なノウハウ（暗黙知）が蓄積されている場合が多い。

　一方，欧米の文献などにおいて指摘されているように，大学発ベンチャー企業にとって資金管理は大変重要で，アイデアが製品化し，マーケットに受け入れられ売上るまでは，資金的に厳しい状態が続き，その時期を「死の谷」などと表現される。この「死の谷」を脱するために，「金のなる木」ないし成長のための資金を供給できる強固な事業を育てることが，必要であるが，ベンチャー企業はそのような状況にない企業が大半である。米国における実証研究においても，売上があるベンチャー企業は予想以上に資金調達に余裕が出ている。

　筆者は産学連携，大学発ベンチャー企業の関係者17名に個別に面接調査など

---

[156] 鮫島［2006］，124頁は，「知的資産戦略は事業戦略を反映し，かつ技術戦略とは表裏一体である」としている。

を行った。そして，①大学の教官がベンチャー企業を創業する動機と暗黙知の存在の関係②大学発ベンチャー企業が成長資金を確保する（「金のなる木」を育てる）ために主要商品とは異なる副次的商品ないし中間的な商品を開発するというモデルの可否についてのコメントを収集し，分析した。その結果，暗黙知の存在から企業への移転が困難なことが起業の主要な要因の一つであること，また主要商品と異なる副次的ないし中間的な商品の開発は，事業効率にさえ問題がなければ，有効な戦略であるということが，確認された。よって，アントレプレナーは常に「金のなる木」に育つ可能性がないかという目で発明をよく検討し，可能性のあるものは積極的に特許化を図るなどの知的財産戦略を取り，その後の技術の発展と市場ニーズの状況を見守るべきである。さらに特許化などを図った後も「金のなる木」に育てるような知的財産戦略を取る必要がある。そして，このようにして策定された知的財産戦略が効率よく実行されるように，会社全体の経営戦略と適合させて，企業経営を行うことが重要となる（表7-4参照）。

表7-4　大学発ベンチャー企業の関係者に対して行ったヒヤリング調査

面談者	面談者のポジション	組織	聴取したコメント
1	大学准教授	大学の産学連携本部	1．暗黙知の存在が技術を既存企業に移転する際の障害となり，発明者が起業することに結びつくとのシェーンの見解は，日本においても十分当てはまる。 2．大企業からのスピンオフベンチャーが特に順調にいっているとも思えないが，大学発ベンチャーは大変苦戦しているところが多い。今年資金が切れて消滅するところが沢山あるはず。原因はベンチャーキャピタルの資金に依存しているため。 　問題解決にはアントレプレナーとなる良い人材の確保がポイントと言える。 　本業以外に派生技術も事業化し活動資金源とする手法は良い方法と思う。 　当大学発のベンチャー企業にはあまりないユニークな経営手法である。 3．ベンチャー企業は資金がネックとなる。中間的な商品あるいは主力商品以外の技術の商品を販売し研究費を獲得することは有効である。特許戦略もマッチさせるべき。

			基盤特許に基づいて共同研究を行い資金を獲得するために特許化することは有効。 IPO以外にM&Aの出口は大事で，そのために技術を積極的に特許化すべき。
2	取締役兼博士課程院生	食品開発（大学発ベンチャー企業）	1．特許戦略 　コア技術は，特許制度の限界を考慮して，公開しない。 　アライアンスないしローヤルティー受領を予定する技術は特許化する。 　公開しない技術と特許化する技術を組み合わせ，マネされにくくアライアンスもできる体制の構築を目指している。 　先使用権の論文を手交したところ，先使用権の利用を検討すると。 2．暗黙知 　発明者（大学の教官）の持つ暗黙知の存在により，技術移転は双方にとって難しいものとなる。 　移転できないことが，起業の要因の一つと言える。 3．資金について 　設立当初は開発資金が不足したことから，開発が容易な有効成分の含有の少ないサプリメントより着手した。 　このサプリメントの収益を利用してその有効成分を飼料・肥料として利用する技術を開発した。 　単発商品をVCからの資金で開発する事業計画では成果によっては，資金の限界から事業を単独では継続できなくなるリスクがある。
3	社長兼大学の教授	大学発バイオベンチャー企業	1．特許 　大学からよりスムーズに（「権利を受けやすいように申請して」）継承を受けることが大事。 　米国においてベンチャー企業が成立するようになった大きなきっかけは1980年のバイロード法です。大学はこれを受け大学で行われた特許に対して権利を主張しない方針を打ち立てられれば，さらに大きな発展が得られるはず。 2．起業の動機 　暗黙知の存在が教官がベンチャーを立ち上げる原因の一つである。 　自社の場合はバイオテロのリスクを国などに理解してもらえず，会社をやむを得ず立ち上げた。 3．産学連携の問題点 　大学が営利を追求するのであれば，もっと様々な問題を整備しなくてはいけないと思う。 　中央の大学はわかりませんが，地方では研究設備の大半は教官の獲得した研究費で整備している。

			4. 資金繰りについて 　「……私が考えているのが，会社設立後できるだけ早い段階でキャシュフローを作り出し，企業としての一定の基盤を作りながら研究開発を進めていくというものです。」ただし，「限られた技術や特許しか持っていない」ベンチャーが多い。 　「開発スピードの違う複数の商品・サービスの開発を行うことは，リスク軽減に大変役に立つと思います。ただ大事なのはそのことにより企業の方向性が分散しすぎないようにすることです。」 ① 年初より資金調達に苦労した。VCの一般的な方針が変化している。 ② システム構築関連ソフトのノウハウを売上げ，一息ついている。 　まさに関係はあるが，異なる技術の商品を販売しているとのこと。
4	社長　兼 大学の教授	大学発 ナノ・ バイオベン チャー企業	1. 特許について 　侵害されても証明が難しいので，全てを特許化しないこと。 　大事な部分を特許の明細書に入れない人が多いはず。 　発明者の講演など聞きに言っても肝心な部分は質問しても教えてもらえなかった。 2. 設立の原因 　売ることは可能であったが，自分の方が十分育てることができる。 　発明者には自分が開発した技術に思いいれがある。技術へのこだわりが必要。大企業に技術を売ると，開発がうまくゆかない 　場面において技術を簡単に捨ててしまう。そのような場面において問題解決に発明者である自分は参加させてもらえないと考えている。 　企業化して従業員を雇う資金を得ている。
5	社長 理学系研究科 博士課程出身	携帯電話向 けソフト開 発の ベンチャー 企業	1. 特許戦略 　営業のために限定的に取得する。特許取得してもライセンス料を取りにくい。 　ソフトは侵害されても証明が難しい。 　むしろ隠して，製品化することが大事。先使用権の活用が有効と考える。 2. 暗黙知と起業 　暗黙知が起業の主要因でない。むしろあまり意識したことはない。 　以前勤務した経験から，従業員の立場では，高度な発明も低い評価となりリターンは期待できない。

			製品化の自信があり，自分の技術が完全に評価されるように会社を設立。 すでに多くのソフトが携帯電話メーカーに採用され利用されている。
6	アントレプレナー 兼 大学の助教	大学発のバイオベンチャー企業	1．特許戦略 　基幹特許を日米に出願済み。米国特許を重視。 2．暗黙知 　暗黙知が存在する。企業化する（予定）原因は，自分でないと育てられないと考えるため。
7	アントレプレナー 兼 大学の教授	大学発のIT系ベンチャー企業	1．特許戦略 　大学のルールを守り，権利を確保することが大事。 　事業化にあたり他社技術の利用が必要で，クロスライセンスのために特許が必要。 2．暗黙知 　存在するが，起業の主要因ではない。技術を事業化して，受託研究も行いパイを大きくすることにより，社会への出口ができる。 　社会貢献することが本来の大学の役目と考える。 3．日本の大学発ベンチャーの問題点 　対外折衝できる人材がいない。教授が行っている。 　博士課程の院生に教官コース以外にアントレプレナーを目指す教育が必要。 　全員が教授を目指すのはおかしい。自分の研究室ではアントレプレナーを 　目指すというような指導も行っている。 　産学連携本部に技術の目利きがいない。国際的な活動ができる人材が必要。
8	大学の助教	大学の情報系研究室	1．特許戦略 　パテントプールに入るための特許を開発してメンバーになること。 　世界標準となる特許を取得すること。 2．起業検討の動機 　若いころより起業の夢を持っていた。 　研究の成果を実証すること。 　社会貢献と金銭的リターン。 　大型な助成金は獲得したが，利益計画が描けないで起業のタイミングが掴めないでいる。
9	大学の教授	大学発の食品系ベンチャー企業	1．設立の動機 　社会貢献すること。 2．ベンチャー経営のボトルネック 　資金と人材の確保

10	ベンチャーの元顧問で大学の元教授	大学発の医療系ベンチャー企業	1．設立の動機 　大学での研究を放置しないこと。研究成果を事業化しないと退官により何も残らないこととなる。 　自分の研究が消えるのを避けるため。 2．特許 　当社の治療方法は米国で生まれた考えである。日本ではパイオニアながら特許化できず後発企業によるマネで苦戦している。 　開発器具など可能なものは特許化を計っている。
11	ベンチャー企業の元顧問で，大学の元教授	大学発のバイオ関連ベンチャー企業	1．ベンチャー企業の活動に参加の動機 　退官後も研究を続けたい。ビジネスには興味がなかった。研究環境の整ったベンチャーからの誘いに応じた。 2．事業化のポイント 　自社技術を世界標準のような形にできるとすばらしい。
12	ベンチャー企業のアドバイザー（獣医学博士）	公的なベンチャー支援組織	地方のベンチャー企業育成のアドバイザーを行っている。 ベンチャー，特に大学発ベンチャーは資金調達で苦戦している。 対策として，例えば開発スピードの異なる複数のベンチャー同士を契約で組み合わせリスクの軽減を図っている。 銀行などの評価を高めるのに有効な手段である。
13	ライフサイエンス投資関連部シニアマネージャー（薬学博士）	ベンチャーキャピタル	広い意味におけるバイオ（創薬，創薬支援）の投資先企業において，主力商品開発前に該当技術を利用して中間的な商品の販売を行っているベンチャー企業は3割程度。 また主力商品以外の技術を利用して商品開発を行い主力商品開発資金を調達しているベンチャー企業は1割強存在している。 中間商品ないし他の商品を開発して主力商品を開発の資金調達を行う戦略は有効。 それに合わせた特許戦略も効果的である。
14	所長・弁理士	弁理士事務所	中間的な商品あるいは主力商品以外の技術商品を販売し研究費を獲得することは有効。特許戦略もマッチさせるべき。基盤特許に基づいて共同研究を行い資金を獲得するために特許化することは有効。 IPO以外にM&Aの出口は大事で，そのために技術を積極的に特許化すべき。
15	社長 元大学教授（工学博士）	ベンチャー企業のコンサルタント会社（在アメリカ）	米国のベンチャーで副次的な商品を開発し，主要商品の開発費を捻出しているようなところはまずない。ビジネスモデルにしたがい業務計画書を作成しVCエンジェルより資金を集めることが十分可能であり，副次商品での資金収集の必要性が乏しい。 日本と異なりマーケットなどからの資金の獲得は容易。

16	大学の教授（大学発ベンチャー関連書の著者）	大学	バイオ系のベンチャーでは検査キットを売るようなところは多いはず。技術で資金を得ることは大事。しかし異なる技術で複数の事業を行うベンチャーは少ないはず。関係のない技術であれば二つのベンチャーとなる。木の幹のように元はつながった技術であれば理解できる。要は企業として，事業効率が良ければ可能なはず。
17	大学の教授（医薬経済）	大学	ベンチャーが複数の製品を同時開発し資金繰りを安定化させるという考え方は理解できる。合理性については，複数の事業による経費削減効果との関係が重要となる。

【参考文献】

Shane, Scott and Stuart, Toby［2002］."Organization Endowments and the Performance of University Start-ups", *Management Science* vol.48, No.1, pp.154-170

Shane, Scott［2004］, Academic entrepreneur, Edward Elgar Publishing Ltd.（金井一頼・渡辺孝監訳［2005］，『大学発ベンチャー』，中央経済社）

秋山義継・太田実編著［2007］，『ベンチャー企業論』

猪熊篤史［2005］，『ベンチャーマネジメント』，日本評論社

今村哲編著［2006］，『ベンチャービジネス（ベンチャリング）』，学文社

上坂卓郎［2006］，『ベンチャー企業論入門』，中央経済社

太田一樹・池田潔・文能照之ほか［2007］，『ベンチャービジネス論』，実教出版

鮫島正洋編著［2006］，『新・特許戦略ハンドブック』，商事法務

西村吉雄・塚本芳昭責任編集［2005］，『MOT産学連携と技術経営』，丸善

野中郁次郎・竹内弘高・梅本勝博［1996］，『知識創造企業』，東洋経済新報社

野中郁次郎・紺野登［2003］，『知識創造の方法論』，東洋経済新報社

松田修一［2005］，『ベンチャー企業』，日本経済新聞社

松田修一監修・早稲田大学アントレプレヌール研究会編［2001］，日本経済新聞社

水永政志［2006］，『入門ベンチャーファイナンス』，ダイヤモンド社

【インターネット情報】

㈱価値総合研究所［2007］，『平成18年度大学発ベンチャーに関する基礎報告書』

野村総合研究所［2015］，『平成27年度産業技術調査事業（大学発ベンチャーの成長要因施策に関する実態調査）』

第8章 複数の商品を開発するモデルの検証
―欧米の研究者の考え方―

　前章においては，大学発ベンチャー企業が成長資金を確保するために主力商品とは異なる副次的商品ないし中間的な商品を開発するというモデルについて，業種などにより環境は異なるものの事業効率に問題がなければ，日本においては有効であることを検証した。本章においては，このモデルに関する欧米の産学連携ないしベンチャー企業の関係者に対して行われたアンケート調査ないし面談調査により，同モデルが欧米の大学発ベンチャー企業においても有効か否かが検証される。

1　欧米の関係者へのアンケート調査

　筆者は，日本の大学発ベンチャー企業の経営者を代表して，下記講演会にオーストリア国の連邦経済省商務部に招聘され講師として参加した。そして，第7章において検討した主要商品の他に複数の商品を開発して成長資金を調達するモデルの可否を調査した。

主催者	オーストリア国 連邦経済省商務部
演題	Go International Go Tech Technologietrends in USA und Japan

場所	オーストリア国ウィーン市，グラーツ市，インスブルグ市
期間	2008年10月17日〜21日
講師	筆者（日本のベンチャー企業経営者を代表）
	MITの産学連携責任者2名（米国の産学連携関係者を代表）
	オーストリ国 連邦経済省の担当者
参加者	ウィーン市，グラーツ市，インスブルグ市のベンチャー企業関係者，製薬企業，投資家など50人程度
使用言語	英語

筆者は同講演会において，筆者自身が起業した大学発ベンチャー企業である㈱ゲノム創薬研究所の技術内容とビジネスモデルの説明を行い，複数の商品を開発するビジネスモデルについて，つぎのような主旨の講演を行った（英文使用主要スライドを本章末尾に添付）。

講演内容（主旨）

① ㈱ゲノム創薬研究所は，2000年12月に筆者と東京大学薬学系研究科教授の2名が，同教授の研究成果の事業化を目的として起業した東京大学発のベンチャー企業であること。

② 社員は12名で，ラボを東京大学本郷キャンパス内のインキュベーションセンターに保有していること。

③ 実験動物としてマウスの代わりにカイコ幼虫を利用する基幹技術と知的財産を持っていること。

④ 開発した技術によると，カイコ幼虫は，見かけと異なり，薬剤の効果（薬理効果）が哺乳動物と近似しており，コストがマウスと比べて格段に安く，1年中の利用が可能で，倫理上の問題が少ないこと。体液注射を正確に行うことが可能なこと。これらのことから，開発・特許化した技術は，極めて競争力のある独自の技術であること。

⑤ 主要製品は，カイコ幼虫を利用して開発する抗生物質の候補剤であり，その開発方法は未知の大量の物質をカイコに投与して治療効果のある物質

を選別（スクリーニング）する必要があることから，多大な費用と時間を必要とすること。
⑥ 同ベンチャー企業のラボにおいて，起業した教授が保有するノウハウ（暗黙知）と利用しているカイコ幼虫をヒントとして，新しい発明が行われたこと。その発明は，主要製品の技術とは直接的な関係がなく，カイコ幼虫の筋肉を利用して，自然免疫活性化物質の量を測定するという独自の画期的な技術であること。この技術を利用して副次的な製品として，健康食品を開発していること。
⑦ この副次的な製品は食品であり開発に当局の許可が不要であることなどから，主要製品の抗生物質とは異なり，開発に時間がかからず，比較的開発が容易であること。
⑧ 主要製品と副次的な製品の開発は，共にカイコ幼虫を利用することから，カイコ幼虫に関係する共通技術が存在すること。
⑨ 米国にはベンチャー企業に対する投資を積極的に行うベンチャーキャピタルないしエンジェルが多く存在する。日本には，それほどの投資家がいないことから，ベンチャー企業にとっての死の谷（開発が始まって商品が販売されるまでの資金が枯渇する期間）は，米国に比べると，長くなる。
⑩ 大学発のベンチャー企業には，二つのタイプが存在する。一つは教官がベンチャー企業に創業後も関与する場合で，ノウハウ（暗黙知）などが豊富に提供されることから，主要製品と異なった副次的な商品の開発が可能となる。もう一つは，発明が大学などからベンチャー企業に売却された場合などで，教官が関与していないことから，主要製品の開発に関係のない発明は行われにくい。そのことから，主要製品が完成する前の中間的な製品が開発される場合がある。前者のケースが，より多様な製品の開発が可能となる。
⑪ 複数の製品を開発するベンチャー企業は，2006年に経済産業省が行った大学発ベンチャー企業に対するアンケートの結果から，少なからず存在する。主要製品とは異なる技術で生産される副次的な製品を開発するベン

チャー企業が，13.8％存在し，主要製品と同じ技術により中間的な製品を開発するベンチャー企業は，44.3％存在する。
⑫　シェーン教授がMIT発のベンチャー企業を対象として行った実証研究において，汎用性のある技術はベンチャー企業の資金調達に役立つこと，ないし売上のあるベンチャー企業は，予想に反してベンチャーキャピタルからの資金調達を比較的行わないとの結果がでており，モデルの有効性を示唆していること。

そして講演の後，講演の参加者などを対象として，下記質問書（Questionnaire）の型式でアンケート調査を行った。本アンケートは講演後に訪問したドイツと英国の面談者に対しても同様の説明を行った後，実施した。そのアンケート結果を集計したのが，後掲の**表8－1**である。本アンケートの目的は，ベンチャー企業が経営の安定を図るため「複数商品開発の戦略の可否」を問うものであるが，同質問の前後に，回答者の理解を高めるために関連する質問を配置した。

集計結果によると，**表8－1**のとおり「複数商品開発の戦略の可否」については，概ね，経営の安定に資するという内容が多く（33人中23人＝表のコード1．ないしコード2．），さらに「業種によるが可」ないし，「複数の商品のプラットホームが同一であれば可」という条件付きで可という回答が数人いた[157]。

本アンケートは，筆者が起業したベンチャー企業が実際に行っている複数の製品を同時に開発するというモデルの実例を具体的にていねいに説明した後で行われたものであり，回答者は質問の趣旨を十分理解して回答していると考えることができる。何れにしても，大学発のベンチャー企業の戦略として，副次的ないし中間的な製品を開発するという戦略は，事業内容にもよるなどの意見もあるが，概ね有効であると評価されたと理解できる。

---

[157] コード1＝事業の安定に役立つ，コード2＝資金獲得が理解できる，コード3＝事業内容に関係なく困難，4＝可能ながら死の谷の問題に影響しない。

| Questionnaire | (Check all that apply)

· Your industry
　　☐Venture enterprises, ☐Enterprises except venture, ☐University faculty member, ☐Venture Capital, ☐Investor, ☐Financial services, ☐Other.

· What do you think about start-ups which a professor keeps participating in?
　　☐1．This kind of enterprises is ideal, because technology can be transferred smoothly including "tacit knowledge".
　　☐2．This kind of enterprises let students know the importance of study that contributes to social problems.
　　☐3．Study and the commercial business should be separated completely.
　　☐4．Other（Please describe briefly；　　　　　　　　　　　　　　　　　）

· Japanese academic start-up develops related products
　　with technology of main product　　　⋯ 44.3%
　　without technology of main product ⋯ 13.8%

How is your country doing?
　　☐1．maybe less than Japanese,
　　☐2．maybe the same as Japanese,
　　☐3．maybe more than Japanese,　　☐4．I have no idea.

・Among that start-up, what do you think of developing more than one product?
- ☐ 1. It helps to stabilize a business.
- ☐ 2. It is reasonable to get the fund by commercializing easy product.
- ☐ 3. It is impossible regardless of the type of business.
- ☐ 4. It may be possible, but that cause no influence on "Death-Valley" problem.
- ☐ 5. Other (Please describe briefly; _____)

・What do you consider most important in doing two or more business?
- ☐ 1. To examine some ideas positively from research stage.
- ☐ 2. Deliberate strategy such as patent strategy.
- ☐ 3. Consumers' research.
- ☐ 4. Other (Please describe briefly; _____)

Please enter, if possible.

| Company's name _____, Your name _____ |
| e-mail _____ |
| I'm interested in the article (_____), so send it to me via e-mail. |
| I have a question. |
| (_____) |

Thank you very much.

表 8-1 オーストリア，独，英におけるアンケート 結果

	実施時	属性	教授関与の可否	複数商品の割合	複数商品開発の戦略の可否	複数商品のための対策	氏名イニシャル
1	Oct.16	大学	1	2	1 (helpful to stabilize) 4 (drug+drugを想定。死の谷の長さ不変)	1, 3	H.I.
2	Oct.16	証券会社	1		1 (helpful to stabilize)	1	M.C.
3	講演後	一般企業	2	4	1 (helpful to stabilize)	1	N/A
4	講演後	一般企業	1	1	1 (helpful to stabilize)	1, 3, 4	W.W.
5	講演後	VC	1		1 (helpful to stabilize)	1	C.T.
6	講演後	その他	1	1	1 (helpful to stabilize)	2	B.N.
7	講演後	その他	1	2	2 (reasonable to get fund)	1, 3	G.
8	講演後	一般企業	2	1	2 (reasonable to get fund)	2	Dr.H.
9	講演後	その他	2	4	1 (helpful to stabilize)	1	N/A
10	講演後	その他	3	1	1 (helpful to stabilize)	2	S.E.
11	講演後	その他	1	3	1 (helpful to stabilize)	3	Dr.G.A.
12	講演後	クラスター	1	2	1 (helpful to stabilize)	1	G.H.
13	講演後	金融	1	4	1 (helpful to stabilize)	1	N/A
14	講演後	その他	4	4	5 (other詳細は未記入)	3	N/A
15	講演後	ベンチャー	1	4	1 (helpful to stabilize) 2 (reasonable to get fund)	1	M.U.
16	講演後	製薬関連	1	1, 2	1 (helpful to stabilize)	3, 4	Dr.M.N.
17	講演後	大学	1, 2	4	1 (helpful to stabilize) 2 (reasonable to get fund)	3	R.W.
18	講演後	MIT	1, 2	1, 3	1 (helpful to stabilize) 2 (reasonable to get fund) 5 (other：helpful，メインへの集中落ちるかも)	1	M.T.
19	講演後	オーストリア政府	1	1	4 (死の谷の長さに影響なし)	2	T.E.
20	講演後	その他	4	1	4 (死の谷長さに影響なし，ただし企業次第)	1	P.G.
21	講演後	その他			1 (helpful to stabilize)		N/A
22	講演後	一般企業	1	1	1 (helpful to stabilize)	1	M.B.
23	講演後	その他	1	1	1 (helpful to stabilize)	1	T.T.

24	講演後	その他	4	3	5（other：死の谷はエンジェルVC出資前に来る）	N/A	
25	講演後	MIT	4	2	5（同じプラットフォームに複数の商品であれば良い。）	3	R.W.
26	Oct.22	ベルリン工科大	1	4	4（大学のコンピュータ技術の商業化は何れも難しく死の谷の長さに関係ない。他の分野は知らない。）	4	Dr.P.P.
27	Oct.22	Fraunhofer協会	1	2	1（helpful to stabilize）	1	Dr.S.F
28	Oct.22	Fraunhofer協会	1	2	1（helpful to stabilize）	1	R.A.
29	Oct.22	Fraunhofer協会	4	4	1（helpful to stabilize） 2（reasonable to get fund）	3	Dr.C.D.
30	Oct.23	iPAL (TLO)	3	2	1（helpful to stabilize） 2（reasonable to get fund）	2, 3	Dr.A.V.
31	Oct.23	ASCENION (TLO)	1	2	1（helpful to stabilize） 5（other：部門による。）	1, 2	Dr.K.U.
32	Oct.24	Cambridge Business School	4	4	5（other：商品と業界による。）	3	Y.M.
33	Oct.27	Cambridge Enterprise (TLO)	3, 4	1, 2	5（other：商品，技術による。コントロール困難になる。）	4	Dr.I.T.

2 欧米の関係者との面談調査

　アンケートの結果を踏まえ，MITの関係者で米国の産学連携に直接携わっている人物2名と筆者が講演で提案した「大学発ベンチャー企業が経営の安定のために複数の異なった商品を開発すること」の可否について議論を行った。さらに欧州における産学連携の先進国であるドイツ（ベルリン工科大学関係者など）と英国（ケンブリッジ大学関係者）において産学連携に直接かかわっていると思われる人物に講演の資料の要約を事前に送付し，面談の目的を連絡した上で，ベルリン市，ポツダム市，ケンブリッジ市にて会談を行い同じ内容の

議論を行った。面談相手の意見をまとめたものが**表8-2**である。

　米国のMITの関係者によると，一つの技術で複数の商品を開発するベンチャー企業は米国にも日本と同程度存在するが，全く異なった技術で複数の商品を開発することは，合理性がない。うまく複数の商品開発をすることは有意義であるが，技術と管理を共通にし，一つのプラットホームで開発が行われていることが重要とのことであった（面談者1）。また資金獲得のために開発が速く行なえる技術を先に商品化するのは，合理的であるが，メインの商品への集中が削がれるリスクとベンチャーキャピタルが嫌がるという面があるとのことであった（面談者2）。

　ドイツにおける産学連携の責任者によると，ベンチャー企業が複数の商品を開発することは経営の安定に役立つし（面談者3），資金調達を合理的にできる（面談者4，6）とのこと。ただし，複数の商品を開発することは経営の安定に役立つと思うが，属する部門により事情が異なるとの意見（面談者7），ないし，ベルリン工科大学で行われた発明の内，商業化を目指しているコンピュータ関連の技術は，全て事業化が容易でなく，複数を同時に行っても，死の谷は短くならないという貴重な意見があった（面談者5）。

　英国ケンブリッジ大学の産学連携の責任者によると，複数の商品を開発することの可否は，サービス・技術内容により異なるが，一般に管理が困難になるという観点からやや消極的な意見であった（面談者8）。

　上記のように，産学連携の先進国である米国，ドイツ，英国の産学連携ないし大学発ベンチャー企業に直接関わっている人たちの意見は極めて示唆に富んだものであった。

　大学発ベンチャー企業が経営の安定ないし成長資金を獲得するために，異なった商品を開発することの可否はつぎのようにまとめることができる。

①　複数の商品を開発することは業種などにより事情はことなるが，基本的に資金調達に役立ち，経営の安定が図られる。

②　複数の商品であっても同一のプラットホームに乗っていて，同一の企業で開発される合理性が重要である。

③ 事業化に時間がかかる高度な技術のみを複数商品化することは合理性がない。
④ 経営管理が難しくなるという問題点がある。

表8-2 オーストリア・独・英における産学連携関係者との面談記録

	面談の日時, 場所	大学名, 社名	面談者イニシャル	大学でのポジション	業種（大学）	見解（英語による面談の主旨）
1	10月21日 インスブルグ講演会場	MIT office of Corporate Relations	Mr.R.W. 講演会講師	Senior Industrial Liason Officer	大学の技術の移転事務所	同じ技術で複数の商品を開発するベンチャー企業はアメリカにも日本と同程度に存在すると思う。"MIT start ups seem to be platform with a number of product possibilities." 異なった技術で異なったプラットフォームを一つのベンチャーが開発することは，合理的ではない。但し，例えばカイコを利用するプラットフォームの上に複数の商品を開発するというように，技術ないし管理が共通な場合などは合理的で有意義となる。あとは独自技術による競争力の十分ある商品・サービスの数次第である。説明で言及のあったスコットシェーン教授のことは以前MITにより意見交換した。
2	10月21日 インスブルグ講演会場	MIT Sloan School of Management	Mr.M.T. 講演会講師	Executive in Residence	経営大学院	同じ技術で複数の商品を開発するベンチャーは日本より米国は多く，異なる技術で複数の商品を開発するベンチャーは米国には少ないと思う。VCが嫌がるという事情がある。ベンチャー企業が複数の商品を開発することについて，経営の安定に役立ち，開発容易な商品を資金獲得のために商品化するのは，合理的である。会社を助けるが，メインの商品への集中が削がれるかもしれない。
3	10月22日 ドイツポツダム市ベルリン市	Fraunhofer Inst. Zuver. Und Mikrointegration	Mr.S.F.	Director	大学の技術の産業化を目指す協会	ベルリン工科大学を中心とした大学の技術の内，比較的商業化に近い技術を育成し，商業化することを目的としている。政府の予算は13%で，残りは企業ないしプロジェクトからの資金である。資金を集める苦労をしている。ゲノム創薬のようなベンチャーの立場・苦労は良く分かる。財団と大学側を統括するトップは教授職の人物である。ベンチャーが複数の商品を開発することは経営の安定に役立つと思う。
4	10月22日 ドイツポツダム市	Fraunhofer Inst. Biomedizinische Technik	Mr.C.D.	Director	大学の技術の産業化を目指す協会	教授の発明の所属は貢献度に応じて評価するルールに従い財団ないし大学に帰属することとなる。自分は教授ではないが博士課程の学生の指導も行っている。学生の中には財団の施設で論文の役に立つ作業を行い月に1,000ユーロ程度の報酬を受けている者もいる。ベンチャーが複数の商品を開発することは，経営の安定に役立つし，資金調達の面からも合理的と思う。
5	10月22日 ドイツベルリン市 ベルリン工科大教授室	Fraunhofer Inst. Rec. und Softwaretechnik Technisch Univ. Berlin	Prof. Dr. P.P.	Prof. Dr.	大学の技術の産業化を目指す財団工科大学	ベンチャーが複数の事業を行うことに関しては，自分が知っているコンピュータの領域においては，死の谷を短くするような効果はないと思う。ゲノム創薬のようなケースであれば良いアイデアと思うが，バイオのことは自分は分からない。また（あなたの言う）社員が他社のアドバイスを行うようなビジネスモデルもあるかもしれない。ただし，自分はコンピュータ関連の大学発ベンチャーについては何れも商業化に時間がかかり，商業化が容易なものを知らない。
6	10月23日 ドイツベルリン市	Innovations Patents Licences (ipal GmbH)	Dr. A.V.	Authorised Officer	ベルリンの複数大のTLO	複数の事業を行うベンチャーの数は日本と同程度。複数の事業をベンチャーが行うことは経営の安定に役立ち，資金調達の面も合理的と思う。
7	10月23日 ドイツベルリン市	Ascenion GmbH	Dr. K.U.	Technology Manager	全ドイツ大学の生命科学部門のTLO	複数の事業を行うり部門のベンチャーは日本と同程度。複数の事業をベンチャーが行うことは経営の安定に役立つ。ただし，部門により事情は異なると思う。

8	10月27日 英国ケンブリッジ市	Cambridge enterprise Ltd.	Dr. I.T.	Head of Life Sciences	大学のTLO機能を有する企業体	大学のTLO機能を有し，大学からのスピンオフ企業に出資もしている。英国で複数の商品開発をするベンチャーは，日本と同程度ないし多いかもしれない。ベンチャーが複数の商品を開発することについての可否は，サービス内容・技術によると思われる。コントロールが難しくなるという問題がある。ドイツ，オーストリアで肯定的な意見が多いのは産学連携の歴史の違いとケンブリッジの考えはマネジメントを重視することに由来するような気がする。

《本章のまとめ》

　本章では，オーストリア，米国，ドイツ，英国の産学連携・大学発ベンチャー企業の関係者に対して，実施されたアンケート調査ないし関係者との面談を通して，前章において行われた提案の可否の検討が行われた。その結果は，概ね，経営の安定ないし資金調達に資するというものであった。また技術により事情はことなるが，同一プラットホームに乗った商品であるべきで，経済合理性が重要との意見があった一方で，管理が難しい点に注意を要するとの貴重な意見も聞くことができた。

　前章における日本の関係者の意見も事業効率が大事であるとのことで，この点においても同様の結論に至った。

〈講演で使用したスライドの主要部分と説明文〉

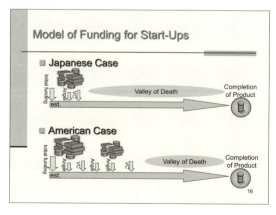

I will try to consider this from a financial aspect.

For start-ups, funding is especially important. However, many venture enterprises have difficulty obtaining adequate research funds. They may eventually fall into the so-called "Valley of Death" and may go bankrupt.

Here, "The Valley of Death" is the period lasting until products are developed after funding is received from venture capitalists, the "Angels."

In Japan, since we don't have enough Angels or venture capitalists, the length of "The Valley of Death" is longer than in the U.S.

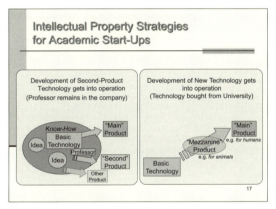

Here is what I'm going to suggest.

I think that the development of a "second product" is one of the solutions to this problem. Quick development of such products can improve financial problems and stabilize management.

Next, I should explain the key to creating second products. I think that the key is the accumulation of knowledge consisting not only of technical know-how, for example, e.g. tips for use in injection, but also of ideas obtained by researchers with the potential for future application. Since this type of knowledge is not usually able to receive patent protection, its real value is often unappreciated.

Thus, we can simply call this type of knowledge "Know-How" here.

Examination of the features of venture enterprises which have arisen from universities suggests that inventors who are also professors have participated in the company in some way, after the business is started.

And I think the way of this participation is divided into cases in which the technology has been moved to a new enterprise by a TLO or something similar to that and cases in which a professor continues to participate in a venture as it is.

In the former case, the model at Right in this figure, since *only* the transfer of technology is involved, product development is limited to that transferred technology. For example, during the development of health foods for humans, high-performance food for animals was fortunately developed.

We, Genome Pharmaceuticals Institute, are in the latter case.

In this case, the model at Left in this figure, both "Know-How" and technology are involved in the obtainment of patentable products. It is thus possible to develop a wide variety of products using a professor's new ideas along with "Know-How." This means that we can also develop second products unrelated to the technology used for first products.

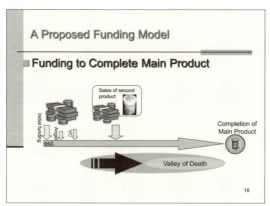

Does any change occur with the existence of second products? Let's see what happens.

We can choose the technologies that are easy to commercialize after taking marketing research into consideration and sell the associated products. This will then provide funding for other products that are more difficult to develop.

In venture enterprises, especially those characterized by advanced technology, it is vital to company survival that funding continue until completion of the first main product.

Therefore, I'd like to say that the development of second products should shorten "The Valley of Death" and make the venture enterprise viable.

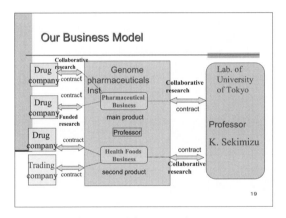

Next, I'll introduce our business model concretely.

Compared with the model that I have explained, the first products are *antibiotic*s and the second products are functional health foods at our company. Although these products share the use of the silkworm in their development, they are unrelated as regards the technologies involved in their production. Notably, the second products are market-oriented and tend to be close to consumers.

This is very attractive to our collaborating companies, and of course, to us because we usually need the cooperation of other pharmaceutical companies which have production lines enabling the commercialization of products. It can be seen in this figure that this cooperation has a variety of options.

Thus, I think these various sources of financing assist with cash-flow in our company and enable the continued development of antibiotics.

第9章
複数の商品を開発する技術系ベンチャー企業の事例

　前章においては，技術系ベンチャー企業が成長資金を確保するために主力商品とは異なる副次的商品ないし中間的な商品を開発するというモデルに関して，欧米の産学連携ないしベンチャー企業の関係者に対して行われたアンケート調査ないし面談調査において，同モデルが有効であることが検証された。

　本章においては，このモデルを実践したり，実践しようとしたりしている技術系ベンチャー企業の事例を紹介する。

1　筆者が創業した㈱ゲノム創薬研究所の事例[158]

　㈱ゲノム創薬研究所[159]は，東京大学大学院薬学系研究科発のベンチャー企業として創業され，現在は，帝京大学医真菌センターとの産学連携企業として，両大学で開発された革新的な技術の事業化を行っている。例えばカイコ幼虫の実験動物としての有効性に10年以上前から着目し利用するなど，高度で独自な創薬技術を開発して，革新的なサービスないし薬剤の候補物質を医療現場ないし製薬会社などに提供している。開発している技術内容は，以下がその代表的

158　本節は，千葉商科大学経済研究所View & Vision誌（2012年9月34号）にて発表した論文を加筆修正したものである。
159　㈱ゲノム創薬研究所（ホームページ：http://www.genome-pharm.jp/）を2000年に創業した。当社の設立理念は，関水和久，関水信和［2001］，17-21頁が詳しい。

なものである[160]。やや薬学の専門的な内容も含まれるが，高度でイノベーティブな独自技術の開発に取り組んでいる状況が窺えるはずである。

(1) 開発された複数の技術

A　カイコを実験動物として利用して，開発された革新的な技術

カイコは，その外見からは想像できないほどヒトと近似した実験データを提供してくれる優れた実験動物であると言える。当社では，つぎのような研究モデルを開発している。

① 細菌感染症モデル

カイコは，ヒトの病原性細菌によって殺傷され[161]，抗生薬剤の投与により延命する。さらに，抗生薬剤が有効に治療効果を表す体重1グラムあたりの量も良く一致する[162]。この発見に基づく細菌感染症モデル（図9-1）により非常に多くの土壌細菌由来の天然物あるいは化合物ライブラリーの化合物から有効な抗生物質の候補剤を探索する事業（医薬基盤研究所より基礎研究事業として認定され助成金を獲得）を展開している。

この事業において当社は東京大学と共同で，有望な化合物（候補薬剤）を発見し，カイコシン（現ライソシン）と命名した。このカイコシン（現ライソシン）は，これまでの抗生物質とは全く異なり，1分以内にほとんど全ての黄色ブドウ球菌感染を除菌するなど，非常に速い殺菌活性を有している。また治療薬として利用されるバンコマイシンに比べて，抗菌活性はやや低いにもかかわらず，治療活性が高く，感染させた菌数を増やしても治療成績が変わらないという優れた特徴を有している。また，毒性も低く，安全性も高い。細菌に対する作用標的も全く新しいことが判明している。このように，これまでにない新

160　東京大学が当社との共同研究で，世界で初めて開発した技術で，当社が事業化を図っているもので，基本技術は，全て当社の単独ないし大学などとの共有特許となっている。
161　Kaito, C., Akimitsu, N., Watanabe, H. and Sekimizu, K. [2002].
162　Hamamoto, H., Kurokawa, K., Kaito, C., Kamura, K., Manitra Razanajatovo, I., Kusuhara, H., Santa, T. and Sekimizu, K. [2004].

第9章　複数の商品を開発する技術系ベンチャー企業の事例　　183

図9-1　細菌感染症モデル（抗生剤の探索）

生理食塩水
〈Control〉
（通常の状態のカイコ幼虫）

黄色ブドウ球菌
（カイコ幼虫死滅）

黄色ブドウ球菌
＋
抗生物質
（カイコ幼虫生存）

規抗生物質として臨床応用できるポテンシャルを有している化合物を発見し開発している。

② 糖尿病（高血糖）モデル

　餌にグルコースを混ぜてカイコに与えると血糖値が上昇するが、ヒトのインシュリンを投与することにより上昇を抑えることができる（図9-2）。この時に、カイコの成長阻害も観察されるが、やはりインシュリンによって回復する（図9-3）。当社は東京大学と共同で、このモデルを利用して、血糖降下物質の探索を行っている。カイコの高血糖状態は、インシュリンのみならず、メトホルミン（日本人に多いⅡ型糖尿病の治療薬）によっても改善される。

　さらに、餌に含まれるグルコースの濃度に依存してカイコの成長阻害が起こる（図9-3）。この成長阻害は、ヒト・インシュリンにより回復する[163]。

163　Matsumoto Y, Sumiya E, Sugita T, Sekimizu K. An invertebrate hyperglycemic model for identification of anti-diabetic drugs. PLoS ONE　30;6(3):e18292 [2011].

図9-2 グルコースの摂食による血糖値の上昇とヒト・インシュリンの血糖降下作用

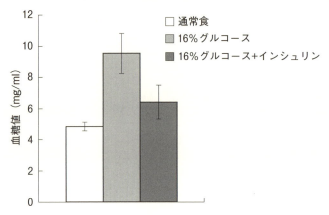

図9-3 グルコースの摂食によるカイコの成長阻害

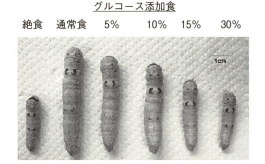

　これらの技術を利用して，当社は東京大学と共同で，血糖降下作用物質の分離精製に成功し，哺乳動物での有効性を検証している[164]。そして当社は，糖尿病の治療薬の開発を目指して，この系で治療効果を示す新規の化合物の探索

164　このモデルは，学会でも高く評価され（専門誌PLoS ONEに論文掲載），2011年9月14日付けの日経産業新聞の記事において，「東京大学とバイオベンチャーのゲノム創薬研究所はカイコの幼虫の血糖値を制御することに初めて成功した」と取り上げられた。

③ 自然免疫活性化試験モデル

自然免疫が活性化するとカイコの筋肉が収縮し，食品などの検体に含まれる免疫活性物質の量をこの筋肉の収縮率を測定することで，評価することができる[166]。この発見に基づいて，カイコの筋収縮を指標として自然免疫を高める物質の探索系を開発した（図9-4）。自然免疫は獲得免疫によらない免疫系で，抗体が産生されるよりも速く，ウイルスや細菌，がん細胞などを排除する。この系を利用して自然免疫活性化能が高いと評価されている農産物や食品には抗ウイルス活性が検出された。従来より動物の培養細胞などを利用して，食品などの免疫活性を評価する技術は，存在していた。しかし，実験動物個体で評価しないと，食品などの体内における吸収，分布，代謝，排泄（ADME）は評価できないという決定的な問題点を有していた。この点，このカイコを利用した試験モデルは，実験動物個体を利用したもので，よりヒトが摂取した食品などの効果を正確に評価することができる。

図9-4 自然免疫活性化による筋収縮

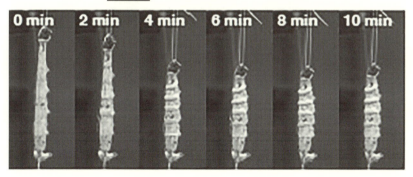

---

165 当社は平成22年より農林水産技術会議事務局長からの委託を受けた独立行政法人農業生物資源研究所が実施する「カイコによるヒト・動物用医薬品の開発委託事業」に参加し，研究助成を受けて，研究を行っている。
166 Ishii, K., Hamamoto, H., Kamimura, M. and Sekimizu, K. [2008].

B　遺伝子工学を応用した新しい創薬技術

㈱ゲノム創薬研究所は，遺伝子工学などの基礎技術も蓄積し，事業化推進に役立てている。以下がその一例で，抗菌薬の細菌に対する作用メカニズムを分析する技術である。

抗菌薬は有害微生物を殺菌ないし生存不能にして，感染症の治療を行う。その抗菌薬の作用部位ないし有害微生物に対する作用メカニズム（作用機序）は，従来容易には解明することが難しいとされていた[167]。現に利用されている抗菌薬に解明が十分されていないものも存在する。しかし，この作用メカニズムの解明は，抗菌薬を開発ないし改良するために大変重要な要素となる。当社は永年培った創薬技術に，昨年，東京大学と共同で開発した遺伝子工学の技術を組み合わせることにより，この抗菌薬の作用メカニズムを比較的短時間に確実に解明する技術を開発することに成功し，特許申請した。この薬剤の病原菌に対する作用メカニズムの解明により，「病原菌にのみ作用する」好ましい効果と「副作用をもたらす」などの好ましくない効果が開発の早い段階で判明するので，薬剤の探索・開発・実用化に対し，貴重な情報を提供することとなる。さらにこの技術により得られる作用メカニズムの情報は，薬剤としての承認を得るためにも極めて有用なものとなる。

この技術は，大手の製薬メーカーにも高く評価され，当社は共同で作用メカニズムを解明して抗菌薬の開発を行うプロジェクトを複数展開している。

C　実験動物として有望なカイコの利用

① 動物（マウスなど）愛護の観点

実験動物のマウスなどの利用は動物愛護のために制限されつつあり，実験動物としてのカイコの有用性は増している。

---

[167] 薬剤の標的を決めることが極めて難しい原因として，細菌の増殖抑制に直接寄与する標的分子ではない，メカニズム（例えば薬剤排出トランスポーター）を獲得する薬剤耐性菌の存在が挙げられる。

安全で効果のある薬剤などの開発に動物実験は不可欠とされている。日本では薬学・医学の研究目的のために少なくとも年間に421万匹のマウスに加え，ラット，モルモット，ウサギ，イヌ，ネコ，サルなどの哺乳動物を合計で614万匹も利用している[168]。

　実験動物を含めた人が飼育する全ての動物は，昭和48年制定の「動物の愛護及び管理に関する法律」により，取扱いが定められている。同法律の基本的な考え方は，「動物が命あるものであることにかんがみ，何人も，動物をみだりに殺し，傷つけ，又は苦しめることのないようにするのみでなく，人と動物の共生に配慮しつつ，その習性を考慮して適正に取り扱うようにしなければならない」（第２条）というものである。使用する動物数と動物の苦痛を最小限に留める必要がある。同法律において，保護されている動物とは背骨を有する動物（脊椎動物）と解される。よって，当社が利用している昆虫（無脊椎動物）であるカイコ幼虫は，同法律が保護している動物ではない。従来利用されていたマウスによる実験の一部をカイコに置き換えることは，同法律の趣旨からして，動物愛護に適うと思われる[169]。

　当社では，カイコ幼虫を利用することにより，マウス（実験動物としては小型な哺乳類）の利用を削減し，動物愛護の問題を改善し，同時に開発費を抑え，既述のカイコシン（現ライソシン）を含めたいくつかの有効な化合物を発見することに成功している。当社では，カイコ幼虫の利用によりマウスの利用を大幅に抑えることが可能となっている。このことから，費用を削減することもできる上，動物愛護の観点からも，以前より，製薬会社，研究機関などに，当社のカイコ関連の技術の利用を検討することを薦めている。

　欧州ではさらに厳しい規制（欧州化粧品指令７次改正）が2003年に出され，近い将来，動物実験により開発された化粧品は，EU域内では販売できないこととなる。これは世界的な潮流であり，近い将来，動物実験代替法ないし動物

168　社団法人日本実験動物協会［2011］，４頁の平成22年度実験動物販売数のデータより算出。
169　Sekimizu, N., Paudel, A., Hamamoto, H.（2012）が詳しい。

愛護の対象とはならない生物の利用がさらに注目されることとなるはずである。この点，カイコ幼虫は，安価で遺伝的にも個体差が少ないという利点を有する上，日本には優れた飼育技術の蓄積があり，「動物の愛護及び管理に関する法律」の規制外の実験動物として大変有望視できる。

② 実験動物としてのカイコの規格化の試み

カイコは当社が開発したモデルに利用することができる科学的に優れた実験動物である。さらに，動物愛護の問題もなく，安価で，サンプルも少量となり，飛ばないことから逃げる心配もなく，大変利用価値が高いと言える[170]。このカイコを利用する技術は，過去に一定期間，大手製薬会社も薬剤の開発に利用（当社がライセンスアウト）し，研究成果を上げた実績もある。最近は，さらに本格的に利用したいとの製薬会社の要望も増えている。実験動物としてのカイコの唯一の欠点は，公的に規格化されていないところである。規格化されていない実験動物による実験データは，そのままでは自社以外では利用できない。特に薬剤を開発する過程の公的なデータとはならない。しかし，カイコの飼育には日本の独自技術も多く，当社技術は衰退しつつある養蚕業のカイコの新しい利用法の開拓につながる。

当社では，関係団体，関係当局などにカイコの有効性を説明し，規格化を試みている。

(2) 経営方針

① 資金調達の多様化

㈱ゲノム創薬研究所は創業時から成長する段階あるいは研究成果が具体化する段階に応じて，いろいろな資金を獲得してきている。具体的には，まずカイコを実験動物として開発するなどの基礎研究資金は，創業資金ないしベン

---

170 カイコの卵は，1個50銭ほどで，季節を問わず年中入手可能。カイコは人工飼料で飼うことができ，特別な飼育機なども不要で，実験設備，維持・人件費を含めた費用の総額は，実験スケールにもよるが，マウス利用の費用総額の1割を下回る。

チャーキャピタルやエンジェルからの出資金であった。つぎに，抗生物質の開発技術（上記(1)A①の細菌感染症モデル）が確立すると大型の公的助成金（平成25年から科学技術振興機構ライソシン開発プロジェクト）を得て，主力商品として抗菌剤の開発に着手し，新規抗生物質（ライソシン）を発見した。この新規抗生物質（ライソシン）に関する論文は平成27年「ネイチャー・ケミカル・バイオロジー」誌に掲載された。この新規抗生物質（ライソシン）については，化学構造を決定するなどして，大手製薬会社にライセンスアウトする交渉を行っている。さらにこれらの技術に加えて，革新的な技術（上記(1)B遺伝子工学を応用した新しい創薬技術）に基づいて，創薬プロジェクトを複数展開させている。

② 経営安定化のために複数の商品を開発

新規抗生物質の開発は順調に行われているが，開発資金は十分と確保されていない。資金調達の多様化を図っても安定的な運転資金を十分と確保することは容易でないことから，同社は，抗菌薬剤に比べると商品化の期間が短い自然食品の研究・開発を行うことに着目した。そして，実験動物としてのカイコ幼虫を用いて，上記(1)A③自然免疫活性化試験モデルの技術を開発し，食品メーカーなどとの共同研究契約を締結した。そして，野菜類ないしキノコ類などから免疫活性の高い自然食品などを開発できる体制を整えた。この技術は複数の企業との共同研究ないし受託研究に応用できることから，当社にとっての副次的商品となり経営を安定化させている。

この副次的商品の一つが福島に拠点をおく東北協同乳業株式会社と開発した11/19-B1乳酸菌ヨーグルト（図9-4）である。福島県で原発事故による風評被害に苦しむ地域酪農乳業の復興に取組んでいる東北協同乳業の要請を受け，2013年2月共同研究を開始，「11/19-B1乳酸菌ヨーグルト」が誕生した。幸い好調な販売が続いており，復興庁主催の「新しい東北復興ビジネスコンテスト2015」で優秀賞を受賞した。

さらに，これらの開発された技術に加え，革新的な技術（上記(1)B遺伝子工

図9-4　「11/19-B1乳酸菌ヨーグルト」のチラシ

図9-5　主力商品と副次的商品の開発

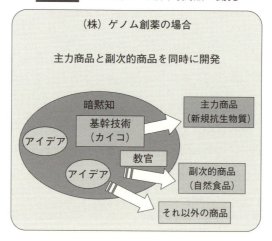

学を応用した新しい創薬技術）に基づいて，複数の製薬会社と創薬に関する共同研究契約を締結し，売上を確保するプロジェクトも展開している。また上記(1)A②の糖尿病（高血糖）モデルの技術を利用した自然食品を副次的商品として開発することも予定している。副次的商品が複数，市場のニーズに対応して

生まれるようになっている。つまり，同社にとって，主力商品と副次的商品は，図9-5のような関係となっていて，主力商品は，創業時からの開発商品として，高い技術力を高める効果と同時に，将来の高い成長力を確保するもので，副次的商品は経営の安定化を図りつつ，経営資金を確保するためのものと言うことができる。

2　その他の企業例

　主力商品とは異なる副次的商品ないし中間的な商品を開発するというモデルを実践ないし実践しようとしている技術系ベンチャー企業の事例をさらに紹介する。

　筆者がこのモデルに関して博士論文を書いた2008年当時は，このような戦略に関して言及した文献は見当たらなかった。ところが本書を執筆するに際し改めて調査したところ，日本環境設計㈱を創業した岩元美智彦氏が著書『「捨てない未来」はこのビジネスから生まれる』(2015年刊) において同様の趣旨のことを述べていることが確認できた[171]。その内容はつぎのようなものである。

　「これは幸運だったとしかいいようがないのですが，当社が先に『FUKU・FUKU』を立ち上げ，続いて『PLA・PLUS』を始めたのは，時間軸の観点で絶妙な順番でした。」「『FUKU・FUKU』はすでに当社の事業として自走していますが，『PLA・PLUS』は現在も環境省と提携した実証事業の域を出ていません。

　また『FUKU・FUKU』を支える技術として，綿からバイオエタノールをつくる技術だけでなく，ポリエステルの再生技術の実用化も視野に入ってきています。そうすると，『FUKU・FUKU』はさらにバージョンアップし，高収益を生む事業になると見込んでいます。対する『PLA・PLUS』は，熱分解の次を担う技術の開発には，もう数年単位の時間がかかりそうです。

171　岩元美智彦 [2015], 173-175頁。

つまり,『FUKU・FUKU』はすでにキャッシュを生出すフェーズにある一方で,『PLA・PLUS』からキャッシュを得られるようになるのはまだ先の話だということです。

そうだとすると, 今の時点では『FUKU・FUKU』だけを手がけていればいいのではないか。

そう思われる方もいるかもしれませんが, 私の見方は違います。

『FUKU・FUKU』と『PLA・PLUS』を並行して手がけているからこそ, 双方のブランドにとって相乗効果が生まれ,『リサイクルのハチマーク』という認知が企業と消費者のあいだに広まっていきます。

『PLA・PLUS』がもたらしている効果は,『業界の垣根を越えて広がる可能性』です。

文具もおもちゃも雑貨も, プラスチック製品という日常生活にあふれる汎用素材であるからこそ,『リサイクルと言えばハチマーク』という認知が広まっていったのだと捉えています。

仮に当社が『FUKU・FUKU』だけしか手がけていなければ, 当社は『繊維リサイクル』の事業者として見られることになるでしょう。そうすると, 見え方としては狭くならざるをえず,『FUKU・FUKU』と『ハチマーク』のブランドがここまで広がってはいなかっただろうと考えています。

『FUKU・FUKU』だけではやりきれなかったブランド強化を,『PLA・PLUS』がカバーしてくれているのです。この両輪を持っていることは, 当社の大きな強みになっています。」

第9章 複数の商品を開発する技術系ベンチャー企業の事例　193

> （参考）日本環境設計株式会社　概要
> ホームページ：http://www.jeplan.co.jp/ja/
> 住所：東京都千代田区霞が関3-2-5　霞が関ビルディング25F
> 設立：2007年1月
> 代表者：代表取締役会長　岩元　美智彦
> 　　　　代表取締役社長　髙尾　正樹

　上記の内容は，正に筆者が提案した「主力商品とは異なる副次的商品ないし中間的な商品を開発するというモデル」に当たると言える。

　筆者は，さらにこのモデルを実践しているベンチャー企業を探すために，2017年5月に，①科学技術振興機構の大学発ベンチャー創出推進のサイトの企業リスト，②Best Venture 100のサイトの企業リスト，③東京大学アントレプレナープラザのサイトの企業リストなどから，技術系ベンチャー企業を約100社選び出し，手紙などで「主力商品とは異なる副次的商品ないし中間的な商品を開発するという経営方針を取っていませんか」という照会を行った。すると当初の予想以上のベンチャー企業9社より，実践ないし実践予定という回答があった。各社の代表などの方々と面談し，実践状況などをつぎのように確認した。

① AISSY㈱のケース

> ホームページ：http://aissy.co.jp/company/overview
> 住所：東京都港区三田3-1-23　メザキビル3F
> 設立：2008年5月
> 代表者：鈴木隆一氏（慶應義塾大学共同研究員）
> 沿革：2008年5月　文部科学省の大学発ベンチャー創出推進事業の成果を基に
> 　　　　　　　　　AISSY株式会社を設立

> 2009年5月　本社を神奈川県横浜市港北区日吉三丁目16番4号に移転
> 2012年12月　本社を東京都港区三田3-1-23　メザキビル3Fに移転
> 業務：1．味覚データの提供
> 　　　2．味覚に関するコンサルティング
> 　　　3．味覚センサー「レオ」の研究・開発
> 　　　4．各種電極の研究・開発
> 　　　5．人工知能センサーの研究・開発
> 　　　6．各種コンサルタントからの業務の受託
> 　　　7．前各号に附帯関連する一切の事業

〈鈴木隆一氏のコメント〉

　「私が初めて味について興味を持ったのは大学生の時です。当時，大学の近くにあまり流行っていないラーメン屋があり，その店長に相談を受けたのがきっかけでした。学生好みの豚骨醤油系の濃い目のラーメンにしたり，内装を変えたりしたのですが，結局その店の売上げはうまく伸びませんでした。味を一定にして料理を出すという難しさを知り，味覚に関する興味が一層深まることとなりました。

　起業については高校の図書館でたまたま見つけた『重役室』という本を読み登場人物が自動車業界を変えるという話に感動して，自分もいつか業界に影響を与えるようなビジネスをやろうと決心しました。そしてITに興味があったことからIT関係の起業も考えてみました。しかしIT関係は既に多くの有力な企業があることから，自分はむしろITなど既存の技術を利用して他の人がまだやっていないようなイノベーションを起こそうと考えました。その結果が味覚のセンサーの開発へと繋がりました。

　グローバル化の中で留学して外国の食文化を勉強するというようなことも考えましたが，むしろ日本食の素晴らしさを海外に広めたいという思いが強く，日本食の研究を進めることとしました。慶応大学理工学部，同大学院では，数値化し難いものの数値化の研究を行いました。そして起業については医療関連

第9章　複数の商品を開発する技術系ベンチャー企業の事例　　195

鈴木隆一氏と「レオ」

などの分野も考えてみましたが，味覚の研究は投資額があまり大きくならないことから，自己資金の範囲内で事業を始められる味覚の研究を事業化することとしました。

　大学院を修了し，慶応義塾からの出資を得て，2008年にAISSY㈱を設立しました。社名はArtificially Intelligent Sensing Systemsの頭文字などを取ったものですが，同時に味覚を見える化するということで，"I see."という意味も込めています。そして当社が開発した味覚センサーの「レオ」は，味覚を構成している「甘味」,「旨味」,「塩味」,「苦味」,「酸味」の5つの味を分析して，それぞれを1〜5で数値化する装置です。「レオ」の特長は，単に5つの味を数値化するだけではなく，スイカを食べる時に塩をかけて甘味を感じさせる「味の対比効果」も測定できることです。この「レオ」を使って，例えばキリンビバレッジから販売されている「生茶」の商品開発にも参加することができました。

　当社の今後の展開としては，外国の味覚の数値化です。日本の食品メーカーが海外進出する際の支援のようなことを考えています。また「レオ」の技術を使って小型な機器を開発し，スマートフォンと連動させるような事業展開も視野に入れています。

　ところで，副次的商品の開発により経営の安定が図れると考えています。当

社の場合，味覚センサー（写真）を利用した，食品メーカーとの共同研究事業が主要事業（商品）で，同センサーを利用した種々の受託研究が副次的事業（商品）に当たります。将来的には，家庭でも使用できるような小型センサーを開発することとしており，複数の事業を展開することでリスクの軽減を図って行きます。他の技術系ベンチャー企業において，単一の商品のみを開発したことで，資金繰りがつかず廃業したような事例を複数見ています。」

② ㈱青電舎のケース

> ホームページ：http://www.seidensha.net/index.html
> 住所：神奈川県相模原市緑区西橋本5-4-30　さがみはら産業創造センター
> 設立：2008年4月
> 代表者：権藤　雅彦氏
> 沿革：2005年9月(独)科学技術振興機構「大学発ベンチャー創出推進」で課題
> 　　　　が採択される。「静電アクチュエータを用いたアクアリウム・
> 　　　　ロボットの開発」
> 　　　2008年4月さがみはら産業創造センターに入居し，会社設立
> 　　　2008年5月㈱東京大学エッジキャピタルのEIRの第1号に採択される。
> 　　　2010年7月経済産業省「戦略的基盤技術高度化支援事業」において再委
> 　　　　託先として決定される。
> 業務：1．精密機器の開発，製造および販売
> 　　　2．精密機器に関する調査および研究
> 　　　3．電磁気および光学の作用による応用技術に関する研究開発
> 　　　4．工芸品の製造および販売
> 　　　5．各種技術に関するコンサルタント業務

〈権藤雅彦代表取締役のコメント〉

「結果的に複数の商品（副次的商品2）の開発により経営の安定を図るとい

うこととなっている。創業当初は（独）科学技術振興機構のプロジェクトに参加し、永年勤務していたオリンパス㈱で培った知識に東京大学で開発された技術を融合させ静電エンコーダを開発した。今後、量産メーカーと共同で製品化を進めていくことを予定している。このエンコーダを開発する過程で、パソコンやスマホのタッチパネル用クリック感発生装置（写真3）の大きな市場性に着目し、開発を行った。現在はこの装置関係の売上げが大半を占めるようになり、複数の商品を開発することによりリスクを軽減できることを実感している。

〈写真1〉

2017年5月9日筆者撮影

〈写真2〉

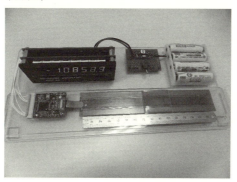

㈱青電舎提供

〈写真3〉

㈱青電舎提供

〈写真4〉

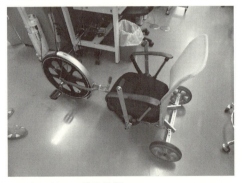

2017年5月9日筆者撮影

　最近は革新的な商品を開発できるアイデアと設備を生かし，副次的商品と言える"後輪が回転する三輪車（写真4）"の開発を検討している。」

③　㈱Macbee Planetのケース

ホームページ：http://macbee-planet.com/
住所：東京都渋谷区渋谷3-11-11　IVYイーストビル5F

設立：2015年8月

代表者：小嶋雄介氏

沿革：2015年8月にITベンチャーよりスピンアウトして設立された。

業務：総合広告代理業・WEBマーケティング業務，WEBサイトの企画・制作・運営業務

〈小嶋雄介代表取締役のコメント〉

　「前職では総合広告代理店で主にマスメディアを扱っていたが，メディアの力に頼り，明確なKPIを持たずプロモーション戦略を設計する事も多く，マーケティング手法に不安を覚えていた。データ・数値に基づいたデジタルマーケティングとリーチ力・信頼性の強いオフラインを統合的に捉え，売れる戦略を構築する会社を立ち上げたいと考えた。

　そしてベンチャー企業は開発スピードの異なる製品を持つべきという考え方で，経営を行っている。当社にとって，現在のところ主に運営資金を生んでいるのは，アフィリエイト広告運用（成果報酬型の運用型WEB広告）を中心としたデジタルマーケティングであるが，他社との差別化が難しい業界である。そこで当社の独自色・技術力がさらに出せるアフィリエイト広告の分析ツール

小嶋雄介代表取締役，事務所の受付にて
2017年5月16日筆者撮影

（ブランド名：Robee）を開発し将来の主力商品に育てることに注力。AIなど最新技術も採用した製品で業界変革に挑んでいる。

　また広告効果の最大化を目的に自社DSP（Demand-Side Platform）広告（ブランド名：Macbee DSP）も保有し，アフィリエイト広告とのシナジー創出並びに，分散投資型のポートフォリオを意識して成長戦略を描いている。

　さらに将来的にはグローバル展開を積極的におこない，各国の伝統・文化を勘案した上で最適なマーケティングを提供していきたいと考えている。」

④　㈱オルスリーのケース

ホームページ：http://www.orthree.jp/
住所：大阪市北区西天満4-5-5-307
設立：2009年4月
代表者：五島誠氏
沿革：2009年4月に大阪大学大学院医学系研究科器官制御外科学・村瀬剛医師の技術を基盤に，大阪大学発のベンチャー企業として設立された。
業務：1．骨モデル3次元データ簡易作成ソフトウェアの開発
　　　2．3次元手術シミュレーションソフトの開発
　　　3．患者適合型手術支援カッティングガイドの製作
　　　4．研究機関における新しい技術シーズの支援や，研究の一助となるソフトウェアの受託開発
技術内容：
　　　1．3次元骨モデルの簡易作成アルゴリズム
　　　2．3次元手術シミュレーション
　　　3．患者適合型手術支援医療機器

第9章　複数の商品を開発する技術系ベンチャー企業の事例　201

ソフトウェア例　BoneSimulator

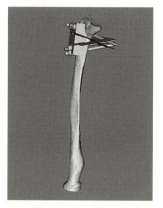

　PC内にて3次元骨モデルを360度方向から確認，切断等シミュレーションが可能なソフトウェアとなっている。

新しい医療機器

～患者適合型カッティングガイド～

〈五島誠代表取締役のコメント〉

　「整形外科の臨床現場にむけて，新しい技術をソフトウェアから医療機器までをシームレスに提供できる形を目指して開発をしました。ただし，医療機器市場は規制産業であり，例えば体制整備から許認可取得等ベンチャー企業では新規参入が非常に高いハードルとなる領域ですので医療機器企業との連携が必

五島誠代表取締役社長
2017年5月16日筆者撮影

須です。そこで，医療機器については提携企業との共同プロジェクトのもと市場への製品展開を進めています。とはいえ，ソフトウェアについては近年の薬機法改正により医療機器対象となりました関係上，現在のところ売上げは限定的で，研究室における研究用途利用が中心となっています。そのことから会社の運営資金を確保するために，ソフトウェアの受託開発も行っています。この受託開発業務が副次的商品に該当すると考えています。

　尚，当社は特許戦略として，出願した特許発明を元に医療機器製造企業との共同研究を行い，その成果を国内優先権主張（追加出願）している例と，周辺特許を追加で出願，新規特許として技術の優位性を高める範囲を広げる例を展開しています。」

⑤　㈱ナノカムのケース

> ホームページ：http://www.nanocame.jp/
> 住所：神奈川県横浜市戸塚区戸塚町4361-10
> 設立：2011年9月
> 代表者：城武　昇一氏
> 沿革：2011年9月に横浜市立大学医学部発のベンチャー企業として創業。

業務：・ナノ粒子の研究開発・販売
　　　・抗菌性生活用品の研究開発・販売
　　　・ナノ粒子・ナノテクノロジーに関する研究開発

技術の概要・特徴：

・高次構造体を有する抗菌性ナノ粒子の開発，製造
・新規抗菌機序を有するナノ粒子は細胞壁と特異的に局所吸着し，吸着箇所の成長阻害を起こす。吸着箇所以外の細胞壁は成長が続くので菌は最終的に内外気圧差により自己融解を起こす。（下図）

ナノ粒子が吸着することによる自己融解

| ナノ粒子が吸着した細菌の断面図 | ナノ粒子が吸着した部分は，細胞壁の成長を阻害する。 | ナノ粒子が吸着している箇所が周りの細胞壁成長とのバランスがあわず，自己融解を起こす。 |

・抗菌ナノポリマーは菌の自己融解を誘導するのみで，それ以外の作用は無く，耐性菌が出来ない。
・動物・植物に安全，昆虫に影響しない，生分解性で高い安全性を持つ。

〈城武　昇一代表取締役のコメント〉

「長い年月をかけて合成手法を見つけ出した機能性抗菌ナノポリマーは，『細胞毒性に基づいた殺菌効果を持つものではなく，菌との親和性が高い』ことに最大の特徴があり，この特徴ゆえに細胞壁に吸着し自己融解を導くという全く新しい抗菌機序を創出出来ています。この抗菌機序においては耐性菌の発生メカニズムは無関係で従来の抗生物質が持っていた薬剤投与のジレンマから脱出できると考えられます。また，独自技術により作られたナノポリマーは，広いスペクトルでの抗菌活性・抗菌機能の長期持続性といった機能面だけでなく，

城武　昇一代表取締役社長
㈱ナノカム提供

生分解性で安心安全な素材で組成されており，生態系へも無害で，土壌汚染を起こさない，生体に対しても毒性を有さない等，科学的根拠（第三者試験機関による）も実証されているという安全性の面でも強みを有しております。

　本機能性抗菌ナノポリマーは，様々なアプリケーションに応用可能と考えており，原料供給以外にロイヤリティでの収益を見据えたビジネスモデルを検討しています。特に大手製造企業との連携による消費者向けの製品開発については市場規模拡大という側面でも必須ですが，マーケット投入にむけては様々なステップ，更には製品によっては規制の障壁があり一朝一夕には売上に貢献しません。共同研究というステップを経て優先権主張を行う特許戦略を実施するパターンもありますが，堅調な売上維持までは研究開発を含めて投資期間の長い事業モデルとならざるをえません。そこで，弊社は独自製品展開として"AUSIRO"というブランドを立ち上げ，社内手工業的に開発，製造，出荷までを独自に行っています。コア・テクノロジーのBtoBの事業展開からすると，副次的な展開となりますが，消費者と直接的な接点を持て，製品の良い面をダイレクトに伝える事ができるメリットもあり，直販サイト（楽天・Yahoo等）

以外に，実店舗（歯科皮膚科診療クリニック等医療機関）においても多くのリピーターに購買していただいています。」

⑥ ㈱京都コンステラ・テクノロジーズのケース

ホームページ：http://www.k-ct.jp/index.html
住所：京都市中京区蟷螂山町481京染会館4階
設立：2008年3月
代表者：村上　竜太氏
沿革：2008年3月に京都大学薬学研究科（当時）・奥野恭史教授の技術をコア技術とし京都大学発のベンチャー企業として設立された。
業務：・計算科学技術を用いた受託計算およびそれに関連する物品の販売
　　　・創薬支援システムおよびソフトウェアの研究開発，製造および販売
　　　・医薬品，診断薬，医薬部外品，化粧品および健康食品等の機能性物質の研究開発，製造および販売
　　　・計算科学技術に関連する人材育成事業及び労働者派遣事業

創薬研究開発のプロセスと各種サービス

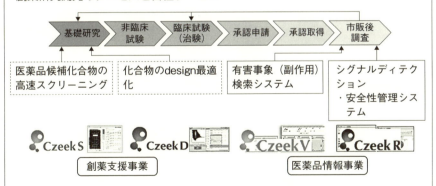

研究・業務の効率化をサポートするために最先端の計算科学技術を駆使し，各種サービスを提供している。各システムはCzeek（シージーク）シリーズと

して創薬研究開発の各分野で展開している。事業も創薬支援事業として製薬・食品・化学系企業等の基礎研究分野をサポートする領域と，医薬品情報事業として，市販後調査分野やくすりの適正使用に役立てる領域の二本柱で進めている。

〈村上竜太代表取締役のコメント〉

「当社は，独自手法による化合物高速スクリーニングを可能とする技術をコアとしてサービスをスタートしました。当該技術は，創薬分野におけるビッグデータとAI技術を用いたアプローチで（：Chemical Genomics-Based Virtual Screening），をこの技術をもとに解析受託サービスや，システム（商品名：CzeekS）販売を展開していました。ただし，当該技術は製薬企業や研究機関において専門性の高い計算担当者にのみ利用されることから，販売実績や市場の広がりは限定的なものでした。そこで，同領域において有機合成担当者からもニーズが強い化合物設計（denovoデザイン）ができるソフトウェア（商品名：CzeekD）を開発し，オープンサイトにおける予測モデルの限定無償提供を開始するなど，顧客層の掘り起こしを積極的に行っています。また，両技術ともに知的財産権を有しており，独自性を発揮できるように特許戦略を進めています。

村上　竜太代表取締役
㈱京都コンステラ・テクノロジーズ提供

また，医療ビッグデータを対象とした受託解析サービス並びに，医薬品有害事象情報システム（商品名：CzeekV Pro）・簡易シグナル計算システム（商品名CzeekR for signals）・安全性管理システム（CzeekR）の販売をまさに副次的商品として行っています。製薬企業市販後調査のデータのみならず，自発報告有害事象データベース，薬歴管理システム，公的／商的DBを対象とした医薬品と有害事象の関連性の解析支援を実施しています。ビッグデータ解析という共通の視点によって，当初スタートしたサービスから副次的なサービスまで次々と展開するCzeekシリーズが支えられています。医薬品と有害事象の関連性については，アカデミック領域の研究者や，医師・薬剤師等医療専門家も興味が強いテーマであり，解析のための計算が不要なCzeekV Proを簡単便利に御利用頂いているうえ，共同研究を行うなど相互補間的な活動もしています。本製品がターゲットとするマーケットは広く，研究領域や臨床現場にも役立てて頂けるように積極的に展開を進める予定です。」

⑦　㈱Laflaのケース

> ホームページ：http://www.lafla.co.jp/
> 住所：福岡市早良区百道浜 3 - 8 -33
> 　　　福岡システムLSI総合開発センター
> 設立：2008年 9 月
> 代表者：宥免　達憲氏
> 沿革：2006年，九州大学教授廣川佐千男氏が技術移転を専門とするコンサルタントの宥免達憲氏（現代表取締役）に自らの技術を活用した起業を提案したのがきっかけとなり，2008年に独立行政法人科学技術振興機構が推進する「大学発ベンチャー創出推進制度」の採択を受け，廣川教授のテキストマイニング技術「ConceptGraph®」と「MINDEX®」を活用した，情報収集・処理・分析サービスを取り扱う大学発ベンチャー企業として設立された。

業務：1．インターネット等のネットワークを利用した情報収集，処理，分析
　　　　並びに提供サービス業務
　　　2．情報収集，処理，分析技術を用いた新たなシステム及びソフトウェ
　　　　アの企画，開発，販売，保守管理
　　　3．情報収集，処理，分析技術に関するコンサルタント業務
　　　4．インターネット等を利用した新技術・新規事業の企画，開発，研究

〈宥免達憲代表取締役のコメント〉

　「当社が保有するテキストマイニング技術によりいろいろな検索システムを構築することができます。具体化しているものとして，有価証券報告書の検索システム「有報LenZ®」があります。これは矢野経済研究所との共同運営サービスであり，最大3社もしくは3期の有価証券報告書を比較して，共通して使われている言葉，個別に使われている言葉を可視化することで，効果的に有価証券報告書を検索できるサービスです。しかし，このサービスだけで会社運営に必要な売上を確保するには至らず，そこで当社では将来のテキストマイニングやビッグデータ解析を踏まえたデータインフラ構築や，大学等の最先端の分析技術を活用した受託開発を副次的な商品と位置づけて運転資金を確保しており，ここで蓄積した技術ノウハウ，資金を元に次のサービス開発を行っております。」

代表取締役　宥免　達憲
㈱Lafla提供

尚，当社の知財戦略として，アイデアをすべて出願するのではなく，先使用権にて独自技術を確保しています。当社が保有・開発する技術は特許性のあるものも含まれていますが，特許は出願すると公開されることから，盗用されるリスクがあり，また当社の技術の性質上，盗用を証明することが容易でないことも想定されることから，敢えてすべてを特許出願するのではなく，保有，開発した技術内容を文書化しタイムスタンプ（電子的な確定日付）を押すことで管理しています。この方法は，手続きが簡便で費用も僅かという利点があります。」

⑧ ㈱ハッピースマイルのケース

> ホームページ：http://happysmile-inc.jp/
> 住所：埼玉県さいたま市西区指扇1753
> 設立：2012年4月
> 代表者：佐藤堅一氏
> 沿革：個人事業として，2008年にプロカメラマンによる出張撮影サービスを開始し，2009年には写真代行販売サービス（幼稚園などで撮影された写真を独自に開発したシステムによりネット販売を代行するもの）を開始した。2012年に法人を設立し，2013年に「彩の国ベンチャーマーケット2013」ファイナリストに選出された。2014年に写真代行販売システムを国際出願し，2016年には「2016年ベストベンチャー100」に選出された。
> 業務：写真販売システムの運営・提供
> 　　　プロカメラマン派遣事業
> 　　　フォトスタジオの運営
> 　　　写真・DVD撮影事業
> 　　　オリジナルグッズの作成
> 　　　ホームページの作成・保守事業

佐藤堅一代表取締役社長兼CEO
㈱ハッピースマイル提供

〈佐藤堅一代表取締役社長兼CEOのコメント〉

　「創業時より常に新しいアイデアを創造し写真に対しイノベーションを起こすことを心掛けています。そのことからプロカメラマンの出張サービスから始まった事業に，イノベーティブな写真代行販売サービスを正に副次的に行いました。このサービスはとても革新的なものでしたが，お客様の潜在的なニーズに大いに応えることができたことから，結果として売上を伸ばし，現在では当社の主力サービスとなっています。さらに現在では，このサービスを提供するために独自に開発したシステムをビデオ作製の業者に利用してもらうサービスを開始しています。この試みは，当社にとって新しい副次的なサービスという位置づけです。ベンチャー企業は成長と経営の安定のために，つねに新しいサービスないし商品の開発を主力サービスないし商品の他に行って行くことが

第9章　複数の商品を開発する技術系ベンチャー企業の事例　　211

大事だと考えています。

　当社の写真代行販売サービスのシステムは国際特許出願がなされています。今後は，当社が開発するシステムを防衛するという見地より，開発競争の激しい業界であることから，先使用権を主張できる方法の利用も費用対効果の観点より検討する予定です。」

⑨　㈱TSテクノロジー

> ホームページ：http://www.tstcl.jp/
> 住所：山口県宇部市常盤台二丁目16番1号
> 設立：2009年6月
> 代表者：山口　徹氏
> 沿革：2006年　　実用化研究助成プログラム（国立大学法人山口大学）　採択
> 　　　2007年　　2月若者ビジネスプランオーディション　最優秀賞　受賞
> 　　　2007年　2月　起業家養成カレッジ　最優秀賞（山口銀行賞）　受賞
> 　　　2007年　7月　独創的シーズ展開事業 大学発ベンチャー創出推進
> 　　　　　　　　　（独立行政法人科学技術振興機構）　採択
> 　　　2009年　6月　㈱TSテクノロジー 設立
> 　　　2009年　10月　やまぐちビジネスプラン評価プロジェクト（公益財団法
> 　　　　　　　　　人やまぐち産業振興財団）　A評価
> 　　　2010年　12月　中小ものづくり高度化法（中小企業のものづくり基盤技
> 　　　　　　　　　術の高度化に関する法律）に関わる認定（中国経済産業
> 　　　　　　　　　局）
> 　　　2013年　3月　第4回山口県産業技術奨励賞 山口県産業技術センター理
> 　　　　　　　　　事長賞　受賞
>
> 業務：
> 　1．化学研究，開発，技術に関する調査，研修業務，化学製品の製造，販売

2. 医薬品の製造，販売
3. 通信システムによる情報収集，処理および販売
4. コンピュータ，その周辺機器・関連機器の開発，設計，製造，賃貸，販売，輸出入，保守管理業務
5. コンピュータソフトウェアの開発，設計，製造，賃貸，販売，輸出入，保守管理業務

〈山口徹代表取締役社長のコメント〉
① 起業の動機
「私（代表取締役　山口　徹）は，当社最高技術顧問（山口大学堀憲次教授）の指導の下，6年間にわたり，計算化学・量子化学に関する共同研究を行ってきました。2008年9月に博士（工学）の学位を取得し，この後約半年のポスドク期間を経て2009年6月（当時28歳）に起業を行いました。元々私は，学生時代に個人事業を営むなど，起業に対して抵抗の少ない人間ではありましたが，実際に起業へ向けて動くことは非常に多くの不安を伴うものでした。しかしながら，平成19年度に科学技術振興機構の大学発ベンチャー創出推進の採択課題として，起業の支援を受けられたこともあり，起業へ至りました。

堀教授が提唱し，現在弊社の技術中心となっている「TSDB/QMRDB（遷移状態データベース）」は，これまで実験のみに頼ってきた化学物質の合成の世界にコンピュータを導入し，その合成を効率的かつ戦略的に導く全く新しい技術です。起業までの間，「TSDB/QMRDB」の開発に携わったことで，本技術は，産業革命以来の一大革新技術であると感じ，これを社会に普及せねばとの使命感が芽生えたことも，起業を後押しする力になりました。」
② 複数の商品開発
「TSDB/QMRDB（遷移状態データベース：量子化学計算による化学反応の解析結果を収録したデータベースと化学反応解析に必要なリソースをまとめたもの）システムを用いることで，①新規物質の合成経路開発，②プロセス設計時の反応最適化や収率改善，③触媒の新規設計や改良，④物質の毒性評価や信

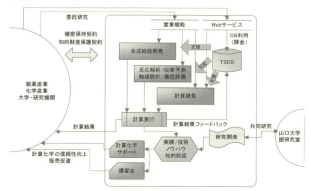

山口徹代表取締役社長

頼性評価,を支援することが可能です。また,弊社では同システムを用いて量子化学計算の計算請負と受託解析を行っています。同システムを化学メーカーや,大学等の学術研究機関の研究者の方々に利用して頂くサービスが弊社の主力製品となる予定です。しかし,同システムは上市までにまだいくつかの開発項目を有しているため,目下のところは,同システムの一部を弊社内で利用し合成経路開発や反応解析を行う受託研究サービス,弊社社員が同システムの利用をサポートするサービス,さらに量子化学計算をユーザの手元で利用のためのコンピュータ機器の販売や利用環境構築等のサポートを副次的商品として

行っており，現在はこの副次的商品が売上の中心となっています。大学発のベンチャー企業の場合，開発した主力商品のマーケットが確立されていない場合が多く，関連商品，サービスなど副次的なもので売上を確保しつつ，主力商品の上市または販売拡大へ繋げる事業展開を行うことが必要であると考えています。」

《本章のまとめ》

本章では，技術系ベンチャー企業が成長資金を確保するために主力商品とは異なる副次的商品ないし中間的な商品を開発するというモデルを実践している事例の検証を行った。まず筆者が創業した㈱ゲノム創薬研究所においては，独自の技術により新規の抗菌薬剤の候補物質の開発を行っているが，製品の性質上から売上には10年程度かかることから，副次的な商品として，ヨーグルトなどの健康食品を開発して，既に運転資金を得ているという状況を解説した。また複数のベンチャー企業のリストなどから，技術系ベンチャー企業を約100社選び出し手紙などで照会し，9社より，実践ないし実践予定という回答を得て，代表などの方々にインタビューし各社の実践状況などを紹介した。

【参考文献】

Hamamoto, H., Kurokawa, K., Kaito, C., Kamura, K.,Manitra Razanajatovo, I., Kusuhara, H., Santa, T. and Sekimizu, K. (2004) Quantitative evaluation of the therapeutic effects of antibiotics using silkworms infected with human pathogenic microorganisms. *Antimicrob. Agents Chemother.*,48, 774-779.

Ishii, K., Hamamoto, H., Kamimura, M. and Sekimizu, K. (2008) Activation of the silkworm cytokine by bacterial and fungal cell wall components via a reactive oxygen species-triggered mechanism. *J. Biol. Chem.*, 283, 2185-2191.

Kaito, C., Akimitsu, N., Watanabe, H. and Sekimizu, K. (2002) Silkworm larvae as an animal model of bacterial infection pathogenic to humans. *Microb. Pathog.*, 32, 183-190.

Matsumoto Y, Sumiya E, Sugita T, Sekimizu K. An invertebrate hyperglycemic model for

identification of anti-diabetic drugs. PLoS ONE 30; 6 (3): e18292 (2011)
Sekimizu, N., Paudel, A., Hamamoto, H. (2012) Animal welfare and use of silkworm as a model animal *Drug Discoveries & Therapeutics* 6(4): 226-229
岩元美智彦［2015］,『「捨てない未来」はこのビジネスから生まれる』, ダイヤモンド社
大野泰雄［2005］,「動物実権代替法研究の重要性とその課題」(『日本薬理学雑誌』Vol.125, No.6) 325-329頁
社団法人日本実験動物協会［2011］,『平成22年度実験動物の年間総販売数調査』
関水和久, 関水信和［2001］,「新しい産学共同研究モデルによるゲノム創薬事業の試み」(『臨床薬理』Vol.33, No1) 17-21頁

【参考ホームページ】

日本動物実験代替法学会ホームページhttp://www.asas.or.jp/jsaae/kaichoaisatu.html

第Ⅲ部

アントレプレナーの心得

第10章／公的助成金の活用

第11章／サラリーパーソンが起業する際の心得

第10章 公的助成金の活用

本章では，公的助成金の資金調達手段としての有効性と公的助成金制度利用の見落とされやすい効果について説明する。

1 資金調達の手段としての有効性

公的助成金には返済が不要なものが多いことから，安定的な研究開発費を調達することが容易ではないベンチャー企業にとっては，大変にありがたい資金源となるが，注意しなければならない点もある。公的助成金には概ねつぎの3つのタイプに分けることが可能である。

① 助成金額が大きく自己負担金額が小さいタイプ

科学技術振興機構（JST）ないし新エネルギー・産業技術総合開発機構（NEDO）などの公的研究開発マネジメント機関が公募している助成金が中心的なもの。助成金額は年間で数千万円以上となる場合もあり，数年間に亘り助成を受けることができる。直接費の他に間接費も資金使途の対象となり，申請書の内容の研究を数年間実行できることから，ベンチャー企業にとっては極めてありがたいものであるが，その分，競争倍率は20倍以上となることが多い。関連技術の内容，特許化の状況を含め，厳しい審査が行われる。採択後には概ね半期毎に実施される研究報告会で研究の進捗状況のチェックがなされる。

② 助成金額が大きいが，自己負担も大きいタイプ

　プロジェクト予算の3分の1，ないし半分を自社で負担する必要があるが，公募機関，金額，採択後の扱いなど①と同等ながら自己負担がある分，競争倍率は①より多少低い場合もある。大きなプロジェクトの場合，自己負担額が小さくないことから，資金負担がベンチャー企業にとっては重く，申請する段階で，本当に開発が自社にとって必要技術なのかを慎重に判断する必要がある。公的な制度により実施されるプロジェクトであることから，途中で中止することは原則として避けるべきである。また自己資金の提供が前提となっていることから，資金管理が複雑となっていて，管理の事務負担も小さくない点，注意を要する。

③ 地元の地方公共団体などが提供している小額なタイプ

　金額は100万円前後とあまり大きくはないが，競争倍率は低く，知的財産など確保できていないベンチャー企業でも獲得が可能である。また資金管理ないし定例報告などの負担も小さい。創業間もないベンチャー企業にとってリスクもなく，メリットが大きい。

2 経営戦略を見直す機会として

　助成金を獲得するためには，科学技術振興機構（JST）ないし新エネルギー・産業技術総合開発機構（NEDO）などの公的研究開発マネジメント機関が公募している制度に申請して，採択される必要がある。その際の申請書は案件により細部は異なるが，概ね類似している場合が多い。典型的な申請書（提案書）フォームは，①申請内容の基本情報（開発費，開発責任者），②関係する特許・論文の概要，③開発する製品の概要，④既存製品との違い，⑤販売計画などで構成されている。

　この申請書は，申請内容を公的研究開発マネジメント機関（採択機関）が申請企業の技術内容，プロジェクト内容などを審査する目的で作られている。そ

のことから，申請者であるベンチャー企業が記入作業を，社内で各担当者らが分担して行うことにより，自社のプロジェクト内容ないし開発しようとする製品の内容を客観的に把握できるようになるという効果がある。例えば，特許・論文リストの欄が十分と記入できない場合は，技術内容が知的財産として確保されていないこと，あるいはアピールできるような先端的な技術がまだないことが認識される。また販売計画が記入できない場合は，製品開発後の販売方法が十分と検討されていない可能性があるなどが認識される。助成金の申請書作成は，ベンチャー企業の経営計画ないし製品開発計画を見直しする良い機会になると言える。

　下記は典型的な申請書フォーム（JSTの申請書の主要部分）の例である。フォームの※印部分のコメントの趣旨に沿って記載するようにすることが重要で，コメントに沿って完記することで採択されやすい申請となるといえる。

基　本　情　報

1．基本情報

課題名				
課題概要	300字以内で記述してください。			
開発費 (JST支出分総額)		千円	開発期間	平成　年　月〜平成　年　月 （　　ヶ月）
	上限総額を， □超過しない □超過する			上限期間を， □超過しない □超過する

2．申請者情報

開発実施企業	企業名				
	代表者	役職		氏名	
				（フリガナ）	
	所在地	〒			
	開発管理責任者	役職		氏名	
				（フリガナ）	
		連絡先 〒 TEL／FAX E-mail：			
	開発担当者	役職		氏名	
				（フリガナ）	
		連絡先 〒 TEL／FAX E-mail：			
	経理・財務担当者	役職		氏名	
				（フリガナ）	
		連絡先 〒 TEL／FAX E-mail：			

本提案に関係する特許・論文リスト

シーズ特許						
項番	発明の名称	出願番号	発明者	出願人	権利化の状況	実施権設定の内容（JSTへ設定）
1			全員明記	全員明記	審査請求済み	1．専用実施権 2．再実施権付独占的通常実施権 1，2いずれかを選択してください
2					成立（特許番号）	
3						

参考文献※2				
項番	タイトル	掲載先	著者	概要
1				
2				
3				

比較文献				
項番	タイトル（特許の場合は発明の名称）	掲載先（特許の場合は出願番号・特許番号）	著者（特許の場合は発明者及び出願人）	概要
1				
2				
3				

《申請書の添付書類》

本開発が目指す製品・サービスの内容

1．本開発の目的等
　(1)　開発の動機・背景

　(2)　開発の目的，内容

2．開発する製品・サービスの中核となる技術について
　(1)　内容・特徴
　　※研究の背景，内容，特徴（独創性，新規性，現状の問題点を含む）について，詳細に記載してください。必要に応じてデータ，図表を使用していただいて結構です。
　(2)　競合技術に対する優位性
　　※競合技術との比較を行なって，本技術の優位性について記載してください。「競合技術はない」等の記載は不可とします。
　　※競合技術とは，目指す製品・サービスによってもたらされる価値・効果と同種のものを実現可能な技術を指します。競合技術に対する優位性を，「技術の優位性」「開発状況の優位性」「目指す成果の優位性」の３点において，記載してください。

3．実用化と本開発の位置づけ
　(1)　背景及び動向
　　ア）実用化される製品・サービスを投入する市場分野の概要

　　イ）市場の動向，規模，将来性
　　　※現在から実用化予定時期までの国内，海外の市場規模推移等の他，今後の成長性や他の市場・技術の拡大による縮小のリスク等について記述してください。その際，データに関しては出典を明示してください。
　　　※実用化される製品・サービスの想定される販売先へ現在までに行った販売促進活動，その販売先のニーズ（要望する性能や価格等）を記述してください。

　　ウ）市販製品・サービスの到達点・問題点
　　　※現行製品・サービスで実現できていること，或いは問題点について記述してください。

　　エ）新規市場創出
　　　※実用化される製品・サービスが，既存製品・サービスの代替となるのか，新たな市場を創出するのか記述してください。

　(2)　市場競争力
　　※実用化される製品・サービスが競合する製品・サービスに対し，性能や価格等の面でどのような優位性を有するのか記述してください。

　(3)　販売計画
　　※開発期間中から開発終了後10ヶ年までの実用化される製品・サービスの販売計画について，それを実現するための方法，体制，スケジュー

ル等を記載してください。

(4) 実用化までの開発プロセス

※本開発実施後のプロセスも含め，実用化に至るまでに解決すべき開発課題やリスク，それを解決するための開発構想（開発内容とその実施規模）を記載してください。

(5) 推定原価（単位当り）

【製品名】

製品を○○発光ダイオード，＊＊製剤，××分析装置など一般的な表現で示してください。

科　　目	数　量	単　価	金　額	備　考
材料費 労務費 経費（工業簿記） etc				
製造原価				

(6) 開発終了後10カ年の販売等による利益予想

(単位：千円)

年度科目	1年目	2年目	3年目	4年目	5年目	6～10年目	合計
売上数量 （単価） 売上高 売上総利益 販売費， 一般管理費 実施料 営業利益 純利益						この列は 5年間分を 一括合計	
返済分							

《申請書の添付書類》

本提案の開発計画

１．目標
※開発実施期間中に達成すべき技術目標を設定し，「目標」「目標達成へ向けた問題点」「問題点の解決策」を記載してください。

(1) 目標１
（目標）
※今回掲げる目標を，数値等を用いて具体的に記載してください。

（目標達成へ向けた問題点）
※本目標を達成する上での問題点を記載してください。

（問題点の解決策）
※上記問題点をどのように解決するか，その方法を記載してください。
※必要に応じて追加してください。

(2) 目標２
（目標）

（目標達成へ向けた問題点）

（問題点の解決策）

(3)　目標3
（目標）

（目標達成へ向けた問題点）

（問題点の解決策）

3　公的研究開発マネジメント機関・組織から得られる情報

　助成金の種類によりマネジメント機関・組織とのコンタクトの有無ないし回数には差がある。JSTないしNEDO関連の競争倍率の高い助成金の場合は一次審査に通らないと面接（プレゼン）などの機会はほとんどないが，説明会など

で事務局とのコンタクトは十分と可能である。また助成金のタイプにより申請書を作成するにあたって，事前にマネジメント機関・組織のアドバイザーなどによる助言を得ることが可能な場合も少なくない。これらの助言は申請書の書き方に止まらず，開発プロジェクトの弱点などに関する指摘などに及ぶことも期待できる。

　助成金を申請すると，後日，採択ないし不採択の連絡を受けることとなる。採択の場合は，もちろん，プロジェクト推進のための助言などをプロジェクトの推進期間を通して受けることとなり，開発資金を獲得できることに加え，得がたい経営指導を受けることができる。また不採択となっても，不採択の理由が通知書には書かれている場合が多く，これはマネジメント機関が委託している専門家がプロジェクト内容を丁寧に分析した結果書かれてものであり，ベンチャー企業にとって貴重な助言となる。

　本章の内容は，つぎのようにまとめることができる。各種助成金は，研究費を十分と確保することが難しいベンチャー企業にとっては，大変ありがたい資金調達手段となる。しかし助成金のタイプによっては，プロジェクトの資金の一部をベンチャー企業が自己負担することから，申請する内容が，本当に必要な技術内容の開発でないと資金負担が大きく経営を圧迫するという状況に陥る可能性がある。助成金を申請するために作成する申請書は審査員にベンチャー企業およびプロジェクトを評価してもらうという内容となっていることから，作成することにより，自社を見直し，弱点を発見する良い機会となる。結果として申請が不採択となっても，不採択通知書などに記載されているコメントを見ることで自社及びプロジェクトの問題点，リスクを知ることができる。よって助成金を申請するということは，採択される場合はもちろんのこと不採択であってもベンチャー企業の経営に資するものである。

第11章 サラリーパーソンが起業する際の心得

本書ではここまで日本のベンチャー企業を取り巻く諸環境，利用される技術に関連する知的財産の扱い方などを中心に書いてきたが，本章では，ベンチャー企業を創業するに際し，アントレプレナーなどの関係者に求められる知識ないし経験などについて解説する。

1 大手企業などのサラリーパーソンに見られる体質

ベンチャー企業が起業される場合，起業に関わる人達は，大学の研究者など研究に興味がある人，ベンチャー企業の経営に興味があり資金を有する人，スタッフとして研究業務に興味を有する人，経理などベンチャー企業の管理事務に興味がある人など多用な経験と興味を有す人達である。ここで，日本の場合に特に問題となるのが，それまで一つの組織だけに勤務していた人が参加するような場合である。欧米などでは一つの組織や企業に数十年も勤務するというケースはあまり多くはないが，日本では珍しくないはずである。著者も大学を卒業して直ぐに大手銀行に就職して，30年近く勤務していた。勤務する企業によって多少異なるはずであるが，必ず独自の企業文化を有していて，社員は知らない内にその文化に影響を受けているように思う。著者が銀行員時代に他の銀行の人と業界の会合などで話しをすると各銀行の文化の影響を受けていて，A銀行の行員，B銀行の行員について，それぞれ共通点を感じた。また取引先

の社員も同様にA社の社員，B社の社員もそれぞれ，その会社の社風に影響を受けていると感じた。大学などの研究者も同様である。著者は教官などの立場で複数の大学に関わっているが，それぞれの大学にも独自の文化があるように思われる。しかし，ベンチャー企業に関わるということは，いままで関わって来た組織や企業などの考え方を捨て去る必要がある。なぜならば，ベンチャー企業とは従来だれもしなかったようなことを企業化する試みであり，そもそもベンチャー企業は，リスクの高い事業で，大企業が避けようとする大きなリスクと常に背中合わせである。さらにもう一つ，ベンチャー企業と大企業で大きく異なる点がある。それは，大企業の場合，研究投資，社員教育など10年，20年のスパンで将来のことを考えて投資を行うこことができる。しかしベンチャー企業にはそのような余裕はなく，月単位の資金繰りを心配するような場合も多いはずである。

一つの組織・企業に永く勤務していると社風や文化に知らぬ間に影響を受けベンチャー企業というリスクのある企業になかなか適用できないということとなる。著者が創業したベンチャー企業において，いろいろな立場で参画した人の場合も，永年勤務した組織における判断基準のようなものを各自持っていて，それと異なる基準で行動を取ることは難しいのだなという場面に多く接してきた。

アントレプレナーはベンチャー企業を創業して，チームを組織する際にこの点に十分と注意する必要がある。

2 サラリーパーソンが起業する前に行うべきこと

大企業などに永年勤務していた人がベンチャー企業に関わろうとする場合に，自身の身についた'文化'から抜け出すためには以下のような方法があると思う。

(1) 社会人大学院で学ぶ

社会人大学院は社会人を対象に社会人の再教育を主な目的としており，起業

に必要な知識を修得するのに，大変適している。従来の研究者の養成を主な目的としていた大学院とは異なり，教員の少なくとも3割は実務家教員が配置されている。サラリーパーソンが起業する前に，勤務しながら週末ないし夜間に，起業に必要な知識を得ることができる。社会人大学院に通うことにより，自分の仕事を今までとは違った角度から見直したり，今までほとんど勉強したことのないような分野の勉強をしたりすることで，とても新鮮な視野を得ることができる。また特に重要なことは，大学の教員ないし他企業の'同級生'と接することで，異なる組織文化を知ることができることである。

具体的にはベンチャー企業を創業して成長路線に乗せるためには，つぎのような知識が特に重要であると思われる。

① 財務管理

ベンチャー企業は開発される製品が売れるまでに，永い時間が必要となるような場合も多く，資金管理が大変重要である。利用できる資金により開発できる技術・製品が制限されることとなる。製品が売れるまでの資金調達の有力な手段の一つが出資金である。しかし，出資者が増えることにより創業者の出資率は低下し，経営の自由度は低下する。そのためにアントレプレナーは，経営権の確保と資金の確保のバランスの取れた資本政策を立案する必要がある。アントレプレナーの仕事の中で，最も重要で難しい仕事と言っても過言ではない。

この判断はベンチャー企業が置かれた環境により異なりケース・バイ・ケースとしか言えない面もあるが，基本的な判断材料については，大学院のMBAコースで修得ができるはずである。

② 企業法務と知的財産管理

ベンチャー企業の経営には，関係する取引先との契約が欠かせない。しかし，取引先とのトラブルは訴訟に発展するリスクがあり，体力のないベンチャー企業は，費用と手間のかかる訴訟関係の維持に耐えることが，なかなかできない。このリスクを事前に予防する予防法務の知識をアントレプレナーは修得してお

く必要がある。アントレプレナーは法務に関する高度な知識は必要ないかもしれないが、リスクを未然に防ぐ最低限の法務知識は必須と思われる。アントレプレナーが予防法務の知識を有することにより、初めて、訴訟リスクを避ける対策について、弁護士などの専門家の助言を効率的に受けることができると考える。全ての取引先との交渉内容を弁護士に相談できるほど、ベンチャー企業は資金的な余裕がない。

つぎにアントレプレナーは特許などの知的財産に関して、十分な理解をしていることが求められる。特許などの出願作業は弁理士に任せることとなるが、特許は自社の技術を守る完全な手段ではないということをアントレプレナーは理解し、特許戦略を講じる必要がある。例えば、日本では特許申請をすると一定期間後に技術内容が公表され、他者に技術を盗まれるリスクがあり、盗まれたことによる損害賠償を求める場合に、盗まれたことを証明する義務は特許申請者にあるという問題である。ベンチャー企業には、損害賠償の裁判を起こして、盗まれたことを証明するというのは大変な負担となる。そのリスクを避けるためには、盗まれたことを証明しにくいような技術は安易に特許化しないというような考えが必要で、このような戦略を考えるのは、弁理士の仕事ではなく、アントレプレナーの仕事だと言える。

上記のような企業法務ないし特許法の勉強は、社会人大学院の法学研究科ないし、大学の法学部（特に通信課程）で勉強することができる。

③　技術経営

ベンチャー企業が利用できる技術内容と事業性を理解することが、アントレプレナーには求められ、それを勉強できるのが大学院の技術経営課程である。技術経営（MOT）課程の大学院は米国に比べると日本では、まだ数が少ないが、ベンチャー創業にあたり最も社会人が修学すべき課程であると思われる。

なお、著者はベンチャーを創業する傍ら、大学院のMBAコース、MOTコース、LLM（法学修士）課程、通信教育の法学部で必要なノウハウの修得に努めた。社会人大学院・通信制大学の詳細については、小著[172]の記述内容が参

考となるはずである。

(2) 大企業のみの経験者は中小・中堅企業で経験を積むべき

　大企業などの大きな組織では，経営者とならない限り，組織全体のことは把握しにくい。著者は大手銀行に勤務していた時に，将来ベンチャー企業を経営することを視野に入れ，中堅企業に出向・転職した。中堅企業の法務部長として，現場で開発される技術から特許戦略を考えるという経験を積むことができた。中堅企業の場合は，法務部長といっても取引先の与信管理などのような業務も行い仕事の幅がとても広いことから，会社全体を良く理解することができる。そして何と言っても，大手銀行と異なる企業文化に接することができた。転籍した会社は，歴史があり高い技術を持ち，上場も視野に入れた中堅企業であったが，それでも大手銀行とは，随分と違った面が多く，例えば良く言えば社員に自由に仕事を任せるという社風があり，転職当時は驚きの連続であった。転職の際に，銀行の人事担当者より，転職先に馴染めずに，銀行に戻る人が多いとの注意を受けた。幸い著者は，銀行のブラジル現地法人など海外店にて異文化での勤務経験があったことなどから，勤務先に何の問題もなく馴染めることができた。大手企業のサラリーパーソンがベンチャー企業を起業しようとする際に，この企業文化の違いの問題を見落とすことがないようにすべきである。異なった企業文化を経験するためにも，また会社全体を把握する経験をするためにも，大手企業より転職して，中堅・中小企業の勤務を経験することが望まれる。

(3) 週末起業を検討する

　ベンチャー企業は，高度な技術があっても，事業化に成功するとはかぎらない。特に，日本ではエンジェル投資などの資金がアメリカなどに比べると少なく，また事業化の目途が立った段階でのM&Aなどの市場が小さく，成長しつ

172　関水信和『社会人大学院・通信制大学』2017年7月，中央経済社。

づける可能性は決して高くない。既存企業からのスピンオフ型のベンチャー創業は別として，給料としての収入が定年退職まで期待できるサラリーパーソンが，中途退職（脱サラ）して，ベンチャー企業を創業することはリスクが多き過ぎるように思える。

　そこで，リスクを多少でも小さくする方法として，将来ベンチャーを創業することを視野に入れたサークルのような仲間をつくり，定期的な勉強会などでベンチャー創業の機会を事前に十分と検討することが望ましいと考える。そして，起業する段階となっても安易に脱サラせずに，週末起業でリスクを小さくするようなことを検討すべきだと思う。著者は創業した㈱ゲノム創薬研究所の経営にアントレプレナーとして関わる前に，出資者として同社に関わる期間を数年間経て，同社の成長がかなり見込める時点で脱サラをした。具体的には，勤務する銀行の業務に支障が出ず，もちろん就業規則に触れることなく，出資と週末に経営に対するアドバイスを行うことに止めた。日本では，まだまだ米国に比べると，ベンチャー企業が開発する製品を市場に出すまでの死の谷の期間は長く，また安定的な取引を獲得するのは容易でないことから，ベンチャー企業を創業する際のリスクを減らす対策は重要であると考える。

むすびに代えて

　著者は千葉商科大学大学院博士課程において博士論文を書いていた頃より，千葉商科大学の小栗幸夫教授（現名誉教授）の「自動車は住宅地など歩行者の多い地区ではもっと低速で走るべき」という研究に感銘を受け，その考え方に多いに賛同していました。全国の交通事故による負傷者は年60万人を超え，死亡事故だけでも年4千件も起きていますが，車の走行速度を一部の地区で制御することで事故を大幅に減らすことができるということです。著者は創薬ベンチャーに永年携わり，病人の命を救うことが可能となる新薬の開発に多少は貢献していると考えています。健康で長生きできる安全な社会を望んでいます。そこで何と言っても交通事故は，その時まで元気だった人が突然と死亡したり大けがをしたりするので，少しでも減らすことがとても大事だと強く思います。

　著者は数年前より小栗名誉教授の交通事故を減らす研究プロジェクトに積極的に参加し，プロジェクトをさらに推進するお手伝いをしています。そして最近では公的な助成金を得て研究を推進すること，独自のノウハウ，システムを特許化すること，大学発のベンチャー企業を立ち上げ，大学と一体となってプロジェクトを推進することなどを提案しています。

　今般，小栗名誉教授が下記概要の大学発ベンチャー企業を立ち上げるに際し，著者も取締役として参加することとなりました。アントレプレナーの役割となるはずです。このアイデアに大手自動車部品メーカーも関心を示し，さらには2017年3月に原科幸彦新学長のもとで，「学長プロジェクト」の一つ「安全・安心な都市・地域づくり」のプロジェクトに位置づけられて，推進が始められています。

　本書を上梓する段階では，構想段階ですが，読者の皆様の参考となると考えて，ここに紹介します。

〈会社の概要〉

　社名：㈱ソフトモビリティジャパン

　目的：千葉商科大学小栗幸夫名誉教授が考案・開発している自動車などの移動体の走行速度の制御システムないし低速度走行をおこなうエリア維持システムの事業化

　株主：小栗幸夫（千葉商科大学名誉教授）
　　　　著者（千葉商科大学サイエンスアカデミー特別客員教授）
　　　　千葉商科大学の教員有志

　資本金：10百万円

　代表取締役社長：小栗幸夫

　取締役　　　　：著者

〈プロジェクトの概要〉

　プロジェクトでは，「ソフトモビリティ」と「ソフトモビリティゾーン」とネーミングした二つのアイデアで展開します。まず「ソフトモビリティ」は，歩行者・自転車・バイク・自動車などが適切な速度で調和して移動することで，「ソフトモビリティゾーン」は，それを具体的に実現させるゾーンを意味します。ゾーン設定は千葉商科大学のキャンパスないし大学付近で試験的に行うことから始める予定です。

　この構想を公道で実施する場合には，既存規則をクリアーすることは当然のこと，さらに必要な機器・設備・スタッフなども準備する必要があります。そのことから，大学のプロジェクトとして，周辺の地域などの協力を得て，地域と一体となって推進することとなります。必要な機器・設備の手配については，関連メーカーとの共同研究として推進することが必要となります。

　自動車などの速度を抑制するシステムを全国的に展開することを前提としたような構想，社会実装は，日本では前例がありません。研究は資金調達次第とならざるを得ないはずです。この点については，本書で述べているように，プロジェクトに賛同する人を幅広く募り資金を集め，関連メーカーとの共同研

究の実施を心がけることとなります．また本プロジェクトが安全な社会の構築に役立つこと，さらに世界に前例のない新しいアイデアであることをアピールして，公的な助成金を得てプロジェクトを推進することを目指します．

　このベンチャー企業にとっての"主力商品"は「ソフトモビリティ」ないし「ソフトモビリティゾーン」のシステムですが，完成するまでにはかなりの時間を要するはずです．よって，本書にて述べている事業化が容易な"副次的商品"の開発により，早い段階での独自の資金調達力をつけることを心がけることとします．

ソフトカー（低速専用車）について打合せ中の小栗名誉教授（左）と著者（右）

あとがき

　本書は中央経済社の執行役員常務の杉原茂樹氏と私が創業したゲノム創薬研究所についてお話する機会があり，その中で構想が生まれたものです。同氏は当初，私のベンチャー企業のアントレプレナーとしての経験と複数の大学院（5つの課程）で勉強した経歴に興味を示し，ベンチャー企業に関する本と続いて社会人大学院に関する本の執筆を薦めてくださいました。しかし，ベンチャー企業に関する本の執筆には時間がかかると思われたことから，まず社会人大学院に関する『働きながら学べる社会人大学院・通信制大学』を先に上梓し，今般本書を上梓するに至りました。杉原茂樹氏には執筆の機会をくださったことに加え，執筆過程においても貴重なアドバイスを頂いたこと，また編集部の皆様には校正などにご尽力を頂いたことに心より感謝申し上げます。

　最後になりましたが，ゲノム創薬研究所の顧問弁理士の特許業務法人たかはし国際特許事務所所長の高橋徳明氏に心より御礼申し上げます。同氏には2008年に私が博士論文を書いた際にも貴重な情報を頂き，さらに本書の第4章の内容確認もお願いするなど永年に亘り知的財産に関する貴重な助言・支援を頂き大変お世話になっています。改めて感謝申し上げます。

【著者紹介】

関水信和（せきみず　のぶかず）

1952年生まれ
慶応義塾高校卒，慶応義塾大学商学部・文学部卒，多摩大学大学院経営情報学研究科修士課程修了，中央大学法学部卒，同大学院法学研究科博士前期課程修了・後期課程修了単位取得，東京大学大学院工学系研究科修士課程技術経営MOTコース修了単位取得，千葉商科大学大学院政策研究科博士課程修了，博士（政策研究）
三井住友銀行ビジネス営業部部付部長，持田商工法務部長など歴任
税理士（東京税理士会所属），㈱ゲノム創薬研究所　アントレプレナー
聖学院大学非常勤講師，千葉商科大学サイエンスアカデミー特別客員教授

主な著書：『働きながら学べる社会人大学院・通信制大学』（単著）中央経済社
　　　　　『国際私法・国際取引の諸問題』（共著）中央大学出版部

技術系ベンチャー企業の経営・知財戦略
―アントレプレナーの心得

2018年4月10日　第1版第1刷発行

著　者　関　水　信　和
発行者　山　本　　　継
発行所　㈱中央経済社
発売元　㈱中央経済グループ
　　　　パブリッシング

〒101-0051　東京都千代田区神田神保町1-31-2
電話　03(3293)3371(編集代表)
　　　03(3293)3381(営業代表)
http://www.chuokeizai.co.jp/
印刷／㈱堀内印刷所
製本／㈲井上製本所

© 2018
Printed in Japan

＊頁の「欠落」や「順序違い」などがありましたらお取り替えいたしますので発売元までご送付ください。(送料小社負担)
ISBN978-4-502-26231-9　C3034

JCOPY〈出版者著作権管理機構委託出版物〉本書を無断で複写複製（コピー）することは，著作権法上の例外を除き，禁じられています。本書をコピーされる場合は事前に出版者著作権管理機構（JCOPY）の許諾を受けてください。
　JCOPY〈http://www.jcopy.or.jp　eメール：info@jcopy.or.jp　電話：03-3513-6969〉